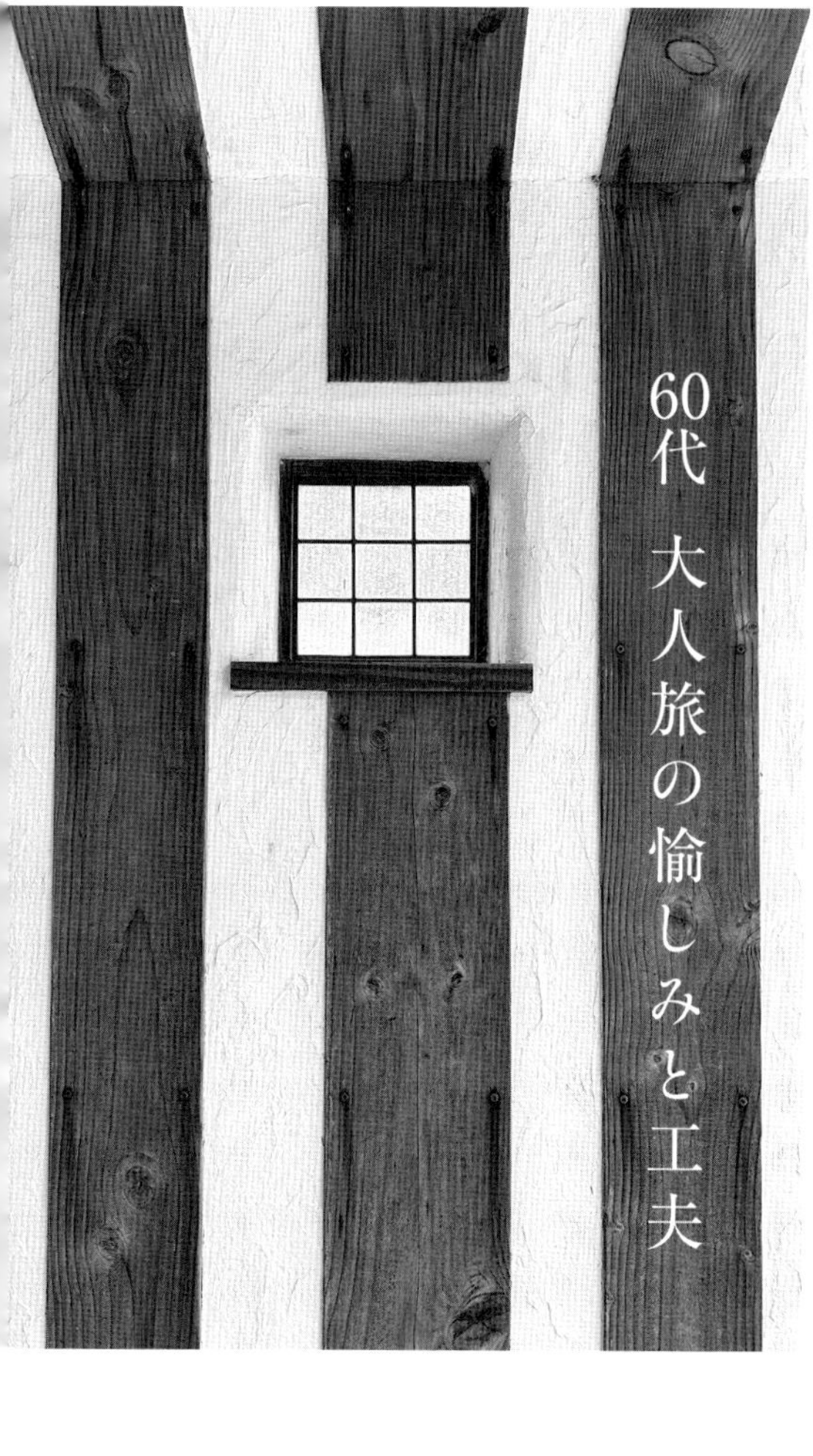

60代　大人旅の愉しみと工夫

小暮涼子

はじめに

思い返すとさまざまな旅をしてきました。
ひとり旅も何度かしましたが
今はもっぱら夫婦ふたりののんびり旅です。
60代後半で体力も落ちているので
疲れたら潔くスケジュールを変えてゆったりと。
加えて節約の工夫も必要ですよね。
たとえば旅館の朝ごはんでお腹いっぱいにして
昼はサンドイッチで軽めかつ費用を抑えて。
けれど時間だけはたっぷりあるので贅沢に。
疲れたら早めにホテルに帰って
ひたすらぼーっと過ごすのだってアリ。
お天気が悪くてもその中で楽しめることを。
自分ならではの視点を大切にして
美しいものをいっぱい見ませんか?
人生後半の旅は小さな愉しみと工夫で
想像以上に豊かなものになります。

CONTENTS

京都には何度も行っていたのにどうして足を延ばさなかったのだろう。それが、高校の卒業旅行以来およそ半世紀ぶりに奈良を訪れた私の感想でした。

あいにくの雨模様でしたが、旅したのはゴールデンウィーク過ぎの5月半ば。年齢を重ねた私たち夫婦には暑くも寒くもなくちょうどいい気候でした。

東京から新幹線で京都へ、そこから近鉄奈良線で南下。そして近鉄奈良駅に着いたら宿泊先のホテルに荷物を預け、おもむろに〝解散〟。奈良が初めての夫は東大寺へ、私はバスに揺られて念願の「くるみの木」へ向かいました。

最寄りのバス停で降りてまっすぐの道を進むと、踏切の手前に憧れの場所「くるみの木」がありました。緑の中に点在するお店からは、ふんわりとした灯りのカフェでくつろぐお客さまのさざめきが聞こえ、映画のワンシーンを見ているようです。「あのテーブルでいつか友達と過ごしたい」そんな新しい夢が生まれた瞬間でした。

大人の定番旅といえば

OTONA TABi 1

奈良&京都

ヒトみたいな鹿にびっくり

お昼に興福寺国宝館で夫と落ち合い「阿修羅像」をうっとり眺め、柿の葉寿司やおつまみを買ってホテルの部屋の窓際ソファでお昼ごはん。アルコールの入った夫はゴロンと横になりお昼寝モードです。

午後は夫お勧めの東大寺辺りをひとり散策しました。雨に濡れた景色はまさしく大人の旅にぴったりの風情でしたが、二月堂に着くころには人影もまばらに。少し心細くなっていたところ、木の根元にゆったり座る鹿に出会いなぜかホッとしたのがおかしかったです。

二月堂から見る夕日は叶いませんでしたが、気を取り直して情緒たっぷりの小径を進むと東大寺裏に出ました。そこからは奈良公園の景色が広がり、また違った魅力を感じることができました。

そして、奈良に行ったらぜひお勧めしたいのが早朝散歩です。なぜなら、そこは「鹿の世界」。朝5時半、猿沢池から興福寺に向かう間、まわりには鹿、鹿、鹿。でも昼間、奈良公園の入口あたりで鹿せんべいをねだる子たちとは少し違いました。ゆっくり優雅に歩く姿は一見の価値があると思います。

猿沢池から広い横断歩道を急ぐことなくゆったりのんびり渡る鹿たち。このあと私たちも一緒に興福寺に向かう階段をのぼりました。二月堂から東大寺に続く小径を歩いていると、番傘をさした若い僧侶が颯爽と道を横切って行きました。美しい絵画のような瞬間でした。

2	1
4	3
6	5

1 二月堂のお堂から見下ろすと、ここにも鹿さんが。2 ホテルでお昼に食べた柿の葉寿司。3 ピカピカの窓からセンスよく並ぶ服や雑貨。「くるみの木」はやっぱり素敵。4 二月堂のお堂から。左の屋根は東大寺。曇り空もまたよし。5 興福寺近くのホテルを夫が奮発してくれました。6 暖簾が目印「麻布おかい」で奈良晒《さらし》を買いましたよ。

旅の予定は柔軟に変えるタイプです。２日目に奈良から京都へ移動して清水寺へ向かうも、想像以上の人混みに参拝はあきらめて八坂神社に向かうことに。でも、おかげで歩いている途中に「くくり猿」で華やかな八坂庚申《こうしん》堂を見つけ、結婚写真の前撮りをしている幸せそうなカップルにも出会えました。

次に行った平安神宮は社殿の美しさはもちろん、神苑も緑と水辺の景色が素晴らしく、ゆったりベンチで楽しみました。参拝を終えると、またまた〝解散〟。夫は木屋町《きやまち》辺りを散策、私は「有次《ありつぐ》」で買い物したあと佛光寺の敷地内にある「ディーアンドデパートメント」へ。お互い行きたい場所に寄り大満足でホテルに帰りました。

旅の３日目は行ったことのない場所をと選んだ嵯峨野の大覚寺へ。広々とした大沢池の周辺は時代劇で見た場面そのもの。実際、数日前に時代劇の撮影があったそうですよ。

そして次に訪れたのが旅のメインイベントとなった祇王寺《ぎおうじ》です。前日の雨でしっとりとした苔が木漏れ日を受けて輝き、見上げれば大好

悠久の時を感じる景色に魅せられて

きな青もみじ。素晴らしい時間でした。

お昼は義父母のお気に入りだった湯豆腐「嵯峨野」でゆっくり食事。午後からは渡月橋《とげつきょう》を初めて向こう岸まで渡り、阪急嵐山駅から電車に乗って予約していた桂離宮へ。駅のホームも電車の色も、どこか高級感があります。桂離宮では係の方が丁寧に説明をしてくださって、とても充実したひとときを過ごすことができました。

そうして迎えた旅の最終日。いつも家でのんびり過ごしていることもあり、4日目ともなると連日のお出かけに暑さもあっていささか疲れてきました。素晴らしい青もみじは祇王寺で堪能したし、予定していたお寺の参拝を変更して京都国立博物館を見学することにしました。とくに仲がよいとも言えない私たち夫婦ですが(笑)、こうした時の塩梅が同じなのはありがたいことです。ベンチで休み休み日本画を鑑賞し、目の前のバス停から最後の目的地の東寺を経て帰路に。

ところで、皆さんには京都土産の定番はありますか？　我が家は和菓子の「雲龍」とお夕飯にする鯖寿司です。

2	1
4	3
6	5

1 次回は「ディー食堂」で友達と食事をしたいです。2 平安神宮神苑では5月に蓮の花と新緑を楽しめます。3 高校の修学旅行で集合場所の平安神宮に時間ギリギリに駆けつけた思い出がよみがえって。4 阪急桂駅はレトロな電車やランプがいい雰囲気。5 武士の行き交う姿が目に浮かぶ大覚寺の渡り廊下がツボです。6 カラフルな"さるぼぼ"は一見の価値ありですよ。

錦市場の「有次」で念願の銅のおろし金を購入。番号札の順に店員さんが丁寧に説明してくださり納得の買い物でした。祇王寺では庭に佇んだ瞬間に陽が射し、この美しい姿に。海外からの観光客も感嘆の声をあげていて、私まで誇らしい気持ちになりました。

大自然に身をまかせて

あるとき、編集の方から「ここ最近の旅行で、いちばんよかったところはどこですか」と聞かれて頭に浮かんだのは、長野県松本市にある上高地の澄んだ空気でした。

上高地に行くのは三度目。マイカー規制のため奥飛騨温泉に前泊し、早朝バスで上高地ビジターセンターまで行くのがいつものコースです。バスを降りて朝陽にキラキラ光る梓川《あずさがわ》沿いを歩き、河童橋近くのホテルに荷物を預けたら、いよいよお楽しみのハイキングです。

目指すのは明神池。途中には美しい湿原や渓流、大好きなシダやたくさんの種類の苔もあるので、写真を撮ったり近くで見たりと大忙し。また、7月初旬のこの時季は白いカラマツソウもいっせいに咲いていて、まるで夢の中にいるようなんです。

明神池に着き、美しい池の景色をゆっくり眺めたあとは、奥飛騨温泉の宿で作っていただいた〝おにぎり弁当〟でお昼ごはんです。（これが、とっても美味！）

ホテルに戻ってひと休みしたら、おやつの時間。今回はバスで「上高地帝国ホテル」まで行き、ロビーラウンジの「グリンデルワルト」でケーキとお茶をいただきました。

　そのあとは河童橋近くのホテルに戻り、翌日の出立までのんびり過ごして。昼間は観光客でいっぱいの河童橋あたりも、夕方の最終バスが出てから朝までは、静かな時間が流れます。そして、この地での最後のお楽しみは目の前に穂高連峰を望むテラスでの朝食。前夜からの雨が上がったことは本当にラッキーでした。

　梓川のせせらぎに別れを告げて、次に向かったのは安曇野《あづみの》の碌山《ろくざん》美術館です。ガイドブックで見た美術館の建物に惹かれて訪れたのですが、行ってみると美術品はもちろん敷地内のすべてが魅力的で始終ニヤニヤ。なかでもグズベリーハウスと命名された休憩室の建物の造りがドアやドアノブ、窓の形もかわいくて！　どんな方がつくったのか案内書きを見てみると「地域の教員、高校生、中学生の奉仕作業によって建築されました」とあり、いたく感激したものです。

どっぷり
緑に浸った
あとは…

立枯れの木の向こうに広がる、生き生きとした明神池の景色。ちょうどいい具合に大きな石があり、しばらく座って眺めていました。グズベリーハウスの窓のかわいらしさといったら！　どんな造りなのか、鼻がつきそうになるほど近づいて観察しましたよ。

2	1
4	3
6	5

1大きな切り株からは美しいシダ類が。2どれだけの種類の苔や植物があることか、足元も見逃せません。3河童橋近くにある「上高地ホテル白樺荘」の朝食ビュッフェ。穂高連峰の景観もごちそうのひとつ。4河原で休憩、奥には明神岳が。5カラマツソウの群生がそこここで見られ、思わず立ち止まりました。6上高地を訪れたことで初めて知ったカラマツソウ。

20年前、隣に住んでいた長野出身の友人が「もし長野に戻るとしたら松本に住みたいな」とよく話していたのが印象的で、松本は私にとって憧れの地でした。今まで上高地の行き帰りに立ち寄ったことはありましたが、せっかくだからゆっくり散策してみようと、今回は松本にも1泊することにしました。

そんなわけで移動途中の安曇野でもたっぷり時間が取れ、碌山《ろくざん》美術館では展示だけではなく、建物の意匠をすみずみまで見学できたのは本当によかったです。メインの碌山館のほかに、杜江《もりえ》館、第1第2展示棟、前出のグズベリーハウスなどいくつもの建物が点在していて見どころもたくさん！　とりわけ第1展示棟では、真ん中に配置された彫刻をぐるりと取り囲むようにして壁に絵画が展示されており、その上にある無数の窓からさす光の中での鑑賞が新鮮でした。

安曇野をあとにし、午後の早い時間に松本に到着。旧開智学校に向かいましたが残念ながら修復工事中で、門のすき間から覗きこんで見学終了（笑）。ホテルにチェックインして近くのカフェで冷たいものを

建物の佇まいと
ディテールに
宿る思想

食べたら、いつもの〝解散〟です。運転で疲れた夫は宿でひと休み、私は楽しみにしていた中町通りのお店めぐりへ出発です。

初めての松本で民藝のお皿を買った「ちきりや工芸店」は、あいにく定休日。でも気をとり直して横道に入ってみると、奥に雰囲気のいい雑貨店やカフェを発見。ガイドブックには載っていないこうした出会いが、旅先のひとり散歩のいちばんの楽しみかもしれません。

そして、翌朝。まだうす暗いうちにホテルを出て、徒歩5分ほどの松本城に向かいました。澄んだ空気の中、お城の後ろに広がる青い空がだんだん明るくなっていく様はとても清々しく、忘れられない風景となりました。

いよいよ旅の最後、菓子処「開運堂」で〝白鳥の湖〟というかわいらしいお菓子をおみやげに買って上機嫌で帰途につきます。けれど我が家に近づくにつれだんだんと暑さが……。帰ってからも夏の間、何度も上高地のさわやかさを思い返していました。

2 1
3

6 5 4

1碌山館の本棚は私とほぼ同い年（笑）。本の並びまで美しかったです。 2青々としたツタが絡まり塔の先端には不死鳥が。 3木のドアノブやあしらわれた鉢植えもとってもキュート。 4定休日だった「ちきりや工芸店」を外からパチリ。 5夜の「松本市立博物館」が素敵でした。次回は見学しなくては。 6脇道の先にもかわいいお店が。寄植えの植物もいい雰囲気です。

現在は倉庫となっている「美術の倉」の屋根には木製の十字架がズラリ。レースのようなふち飾りとの取り合わせも絶妙です。鉄製のドアノブは、なんとヤモリの形。ぼこぼこした壁は〝うろこ壁〟と呼ぶそうですよ。鉄格子の窓さえかわいく見えて不思議。

体験という旅のスタイル

「もし時間に余裕があったら、行きたいところがあるんだけど」そんな会話から始まった「ヴィソン」への寄り道でした。三重県多気町にある「ヴィソン」は美食と文化の複合施設で、敷地内にはホテル、美術館、レストランなどがあります。なかでも、陶芸家の内田鋼一さんのプロデュースによる器や調理器具をテーマにした展示の博物館「カタチミュージアム」は、ずいぶん前に雑誌で見たときから〝いつか行ってみたいリスト〟に入っていた場所でした。

旅の目的地は三重県の伊勢神宮ですが、地図を見るとわりと近そうです。あまり興味のなさそうな夫に、どんなに素敵なところか力説する私。「高速道路を降りてすぐだから寄れるよ」の夫のひと言に思わずガッツポーズしました。

そして当日、伊勢自動車道・多気ヴィソンのインターチェンジを降り、直結(これが凄いですね)の「ヴィソン」に無事到着。ホッとしたのもつかの間、その日は日曜で入口近くの駐車場はいっぱい。旗をふる駐車場の係の方に上へ上へと誘導され、やっと駐車できたのは小高い山の上の駐車場です。

あとになって分かったのですが「ヴィソン」の広大な敷地の中央には屋外型のエスカレーターがあり、山の上の駐車場からスルスルと昇り降りできるのです。でもまだ私たちはその存在に気づいていません。憮然《ぶぜん》とする夫にヒヤヒヤの私。目の前に無料の電気バスがやってきて「カタチミュージアム」の近くまで行けるとわかったときは本当にホッとしたものです。

そんなふうにして着いた「カタチミュージアム」は、外壁の色や素材感、入口の佇まいも期待していた以上の雰囲気。もちろん展示物も素晴らしく、古いものへの愛情にあふれていて。ヤカンがぷかぷか浮かぶディスプレイには思わず頬がゆるみました。

博物館を堪能したあとは、おやつの時間です。風が通り抜けるテラスで食べた、かき氷のおいしさと言ったら！　外のテーブルで行き交う人たちに「うわ、美味しそう！」なんて言われながら食べるのもお祭りの縁日のようで楽しかったです。

多くの「気」を育む場所 多気町

なんとも暖かみのある色合いの壁が、時を経て変わっていくさまを想像してみます。ところどころ灰色になってもきっと素敵でしょうね。日々の暮らしで使われてきた木の道具の、柔らかく角がとれた形に惹かれます。我が家にある道具にも、さらに愛着が増しました。

2	1
4	3
6	5

1使い込まれたヤカンたちは、特に高級品ではないのも素敵。2おろし器いろいろ。マス目に並ぶ姿が愛らしかったです。3入口は至ってシンプル。4東京ドーム24個分の広大な敷地。駐車場も広くてビックリでした。5展示物に説明はなく、空想の余地が残されています。6「菓子舗井村屋」のかき氷。手前が私の抹茶あずき、夫は果肉たっぷりのいちごミルクを。

寄り道を終えて、一路伊勢神宮へ。朝早く家を出たので、参拝の前におはらい町通りで大好きな伊勢うどんを食べてお昼ごはんにしました。ふわっと柔らかい独特な食感の麺に醤油ダレの組み合わせは一度食べたら忘れられない美味しさです。また、通り沿いには有名な「赤福」のお店もあり長蛇の列。店頭にある朱《しゅ》塗りのかまどが印象的でした。かまどと火の神様「三宝荒神《さんぼうこうじん》」をお祀《まつ》りしているそうですよ。

そしていよいよ伊勢神宮に参拝です。五十鈴《いすず》川で手を清めて参道に戻ると、職員の方から「ここでしばらくお待ちください」との案内が。ほどなく黒塗りの車が停まり、降りていらしたのは皇室から民間に嫁がれた黒田清子さんでした。現在、伊勢神宮の祭主をされているとのこと。そのあと、私たちも無事に参拝できました。

「思いがけない経験をしたね」と夫と話しながらカキ筏《いかだ》が浮かぶのどかな海沿いを通り鳥羽の宿へ到着。長男の勤務先の福利厚生でお得に宿泊でき、何度か利用させてもらっているホテルです。朝ごはんに出る帆立やアワビがたっぷり入った〝磯めし〟が看板メニューで、いつも

伝統と歴史
絶景を
愛でに行く

おかわりして朝からお腹いっぱいになるんです。

2日目の朝は小雨が止まず、予定を変更しようとガイドブックを見ていると、近くの「鳥羽市立海の博物館」が以前から気になっていた場所だと気づき、行ってみることにしました。建築家・内藤廣《ひろし》さんが設計した建物は日本建築学会賞や公共建築百選にも選ばれているそうで、船底天井や外観が実に見事で感激しました。また、各地から集められた木造船や昔の海辺の暮らしを模したジオラマなどの展示物もバラエティに富んでいてつぶさに鑑賞してきました。

ほんの少し明るくなってきた空に望みをかけて、次は英虞湾《あごわん》を見渡せる横山展望台に向かうことに。雲の流れが速く、天気が目まぐるしく変わっていましたが、小学生のころに習った〝リアス式海岸〟を「天空カフェテラス」で眺めます。標高140メートルからの英虞湾は空の色を映していろいろな表情を見せてくれて、期待以上の美しさでした。途中から強い雨が降ってきて断念しましたが、さらに高い場所に4つの展望台がありそれぞれの眺望を楽しめるそうです。

2 | 3 | 1

6 | 5 | 4

1「鳥羽市立海の博物館」の建物はすべて船底天井でした。2 〝たらい舟〟を見るのは初めて。3 鳥羽の宿での名物朝ごはん〝磯めし〟。4 伊勢神宮では宮司さんの白い装束と黒い〝浅沓（あさぐつ）〟姿の美しさに釘づけに。5 ふわふわの麺に絡む濃い醤油ダレが最高。6「赤福」本店で出されるほうじ茶は、このかまどで沸かしたお湯を使っているそうですよ。

昔むかしのお伊勢参りを彷彿とさせる、おはらい町通りのにぎわい。弥次さん喜多さんが歩いていそうですよね。横山展望台「天空カフェテラス」からの絶景。お天気が定まりませんでしたが、お陰でドラマチックな空模様を見ることができました。（このあと大雨に！）

日帰りで海、魚、文学に触れる

「旅は道連れ」とは、よく言ったものだと感じた、神奈川県小田原市への日帰り旅。いつもひとりで出かけることの多い私ですが、小田原の近くに住む友達に「ランチでもどう？」と声をかけると、二つ返事で散策にもつき合ってくれることになりました。

友達が決めた待ち合わせ場所は、ＪＲ小田原駅直結の「小田原ミナカ」屋上の足湯。どんなところだろうと行ってみると、ぐるりと海と山を見渡せる素晴らしい眺望です。また、同じビルの6階にある小田原駅東口図書館もテラスから小田原城が見えて、電車の待ち時間に利用してもよさそうでしたよ。

コロナ禍以降、初めての再会に手を取り合って喜んだあとは、小田原駅から徒歩3分という立地も嬉しい、予約していた人気店「天史朗鮨」へ。地魚を使ったお寿司は美味しくて珍しいものばかりで、店員さんはすべての魚の種類を説明してくださいましたが、悲しいかな覚えられない私たち（笑）。でも、「これなんだったっけ？」なんて言いながら食べるのもおかしくて楽しい思い出となりました。

そして、次に向かったのは〝海への扉〟。御幸《みゆき》の浜に防潮《ちょう》扉として造られたものだそうですが、トンネルの先に海が見えてとてもドラマチック！　砂浜に座り、思い出話をしながら食べたおやつの大判焼きは格別でした。海で青春（！）したあとは、昭和12年に建てられた洋風建築が素敵な小田原文学館へ。別館の白秋童謡館は対照的に和の趣ある建物で、インテリア好きにも楽しめる場所だと思いました。ここで友達とは「また会おうね」と別れを惜しみ、ひとり次の目的地へ。伺ったのは「うつわ菜の花」。風にそよぐ暖簾《のれん》に期待がふくらみます。店内ではガラス作家の加藤尚子さんの個展を開催中で、美しい青から緑のグラデーションにうっとりしました。

最後はやっぱり小田原城へ。駅から近いので観光に便利です。せっかくなので電車の時間まで足湯に寄り、夜景を眺めながら足の疲れを癒しました。友達に連絡しなければ、足湯のことも知らないままだったし、何よりこんなに楽しめなかったはず。あらためて、数少ない友達を大切にしようと思った日帰り旅でした。

3

2

1

UTSUWA
NANOHANA
6

5

4

9

小田原駅東口図書館
ODAWARAEKI HIGASHIGUCHI Library
7

8

12

11

10

1小田原文学館の窓とペンダントライトのバランスが素敵。2海への扉はなんでもない道の先にあり、少し意外でした。3白秋童謡館で見たモダンな木目込み細工の置物。4白秋童謡館は植栽も工夫が凝らされていました。5庭の花でのさりげないしつらいも。これはニラの花かな。6暖簾のセンスも抜群だった「うつわ菜の花」。7まるで雑貨屋さんみたいな図書館。8白秋童謡館では面格子さえも窓のデザインの一部のようで感激しました。9緑とのコントラストにうっとりな小田原文学館。10大判焼きとコーヒーで海辺のおやつタイム。11「うつわ菜の花」では夕方の光がガラスの美しさをさらに引き立てて。12「天史朗鮨」でお寿司を堪能。食べ終えると外には行列が。13「小田原ミナカ」の展望足湯庭園はこんなに贅沢なスペースでも無料です。14小田原城は桜の季節にも訪れてみたいと思いました。

14

13

10代の終わりごろ、おしゃれにはもちろん興味がありましたが、パリコレはとても遠いもので、社交界にデビューする令嬢が着るドレスのイメージでした。それがほんの少し身近に感じるようになったのは、ファッションブランド「ケンゾー」を立ち上げてパリを拠点に活動した髙田賢三さんの服を見たときからでした。帽子とコーディネートされたルックはとてもかわいらしく、私のそれまでのパリコレに対する固定観念はふわりとどこかへ飛んで行ったのでした。

コロナ禍に逝去《せいきょ》された賢三さんの、没後初となる回顧展「髙田賢三 夢をかける」が東京オペラシティアートギャラリーで開催されると知り、ぜひ行ってみたいと思いました。そして当日、開館の少し前に会場に着くと、すでにたくさんの方が並んでいました。ファッションを学んでいる学生風の方から私と同年代らしき方々まで。なかでも、ひときわ目をひいたのは、私より少し先輩らしき年齢のとてもおしゃれな皆さん。私の想像ですが、若いころにファッション関係の仕事をされていたのでは、と思いました。

空間にあふれる花、花、花の世界

いよいよオープン！　会場に足を踏み入れると、まず初めに手がけた洋服が年代順に展示されているコーナーがあり、その先に華やかな「ケンゾー」の世界が広がっていました。私の印象に一番残っていた服を見つけたときは「やっぱり、あった！」と、ちょっと感激。

また、賢三さんが初めてブティックをオープンしたのはパリ2区にあるギャルリ・ヴィヴィエンヌの中だったと今回の展示で知り「さすが！」と感嘆しました。ガラス張りの屋根で覆われたこのアーケード街（パッサージュと呼ぶそう）は、パリのパッサージュのなかでも屈指の美しさとも言われていて、またパリに行ったら絶対に訪れたいと思っていた場所でしたから。

ここまで熱く語ってきましたが、10代の私に「ケンゾー」の服はもちろん手が届かなかったし、着こなせる自信もありませんでした。けれどあのとき、気になるデザイナーの服をきっかけにファッション全般に興味を持ったことは、何かしら今の暮らしや自分に繋がっているのではと思います。いくつになってもおしゃれは大事。

フューシャピンクの壁に今回の公式図録の赤が印象的なミュージアムショップ。難しいはずの色合わせも〝ケンゾーマジック(?)〟でとってもおしゃれ。ふんわり裾のドレスは綿なのか麻なのか、素朴な生地に可憐な花の刺しゅうが。サテンステッチで描かれていて表情豊かです。

１こちらのドレスはフカフカした素材を使っているのが新鮮。２壁に飾られた華やかな花柄に胸がいっぱいになりました。３長年収集したリボンを繋ぎ合わせたドレス。繊細な色柄の重なりにうっとり。４グリーンのドレスは花のモチーフが大胆で夢のよう。５入口では印象的な一輪のバラがお出迎え。６若かりしころに初めて見て目がハートになったルックはこちら。感激の再会でした。７賢三さんが使っていたパステルも。

10月とは言え、歩いていると汗ばむような陽気の中、とあるイベントのために仙台と名古屋から、それぞれ新幹線でピューンとやってきた友達と3人で日本民藝館へ寄り道しようということになりました。渋谷駅で待ち合わせて京王井の頭線に乗ると〝女三人寄ればかしましい〟のことわざどおり、久しぶりに会ったもので話に花が咲き、一度降りる駅を通過してまた戻り、倍の時間をかけて日本民藝館最寄りの駒場東大前駅に無事（？）到着。

閑静な住宅街を歩いて行くと、雰囲気のある建物が見えてきました。中に入ると、日本のみならず海外の手仕事のものも展示されていて、その温かなデザインは国は違えど通じるものがあり〝用の美〟は世界共通なんだな、と実感しました。柳宗悦《やなぎそうえつ》の審美眼を通して収集された所蔵品は、どれもそれはそれは見事でした。

日本民藝館を見学したあとは、友達の案内で旧前田侯爵邸に向かいます。まずは、木々の間から見え隠れする和館から見学。大広間に座り、開け放した障子から庭を見ると、思わず深呼吸したくなるようなすが

繊細な装飾美、圧巻の洋館建築

すがしさです。「やっぱり畳はいいね」なんて話しながら和館を出て歩きだすと、奥に洋館があらわれて、今度は「海外に来たみたい！」と気分はすっかり乙女です。

胸をときめかせて洋館に一歩足を踏み入れると、そこは別世界。旧前田侯爵邸が建設された昭和5年は、私の母が生まれた年でもあります。こんな華麗な世界が同じ空の下にあったなんて、母は想像もしていなかったでしょうね。中に入ってまず目を引いたのはステンドグラス。従来のデザインではあまり見ないシンプルさと、青×黄色の色合いが重厚な調度品に軽やかな印象を与えていました。そして、天井や壁の豪華な意匠を愛でながら階段をのぼると〝侯爵夫妻の寝室〟が。美しいドレッサーコーナーでは、思わず「わぁ」っと小さな歓声が上がって。控えめな照明に色味をおさえた大人のインテリアが素敵でした。「いいもの見たね」と大満足。次回、もっと時間があれば駅前の美味しいパン屋さんでお昼ごはんを買って、駒沢公園でピクニックするのもきっと楽しいだろうなと思いましたよ。

オマケ
日本民藝館

OSAMPO TABi 2

旧前田侯爵邸でいちばんのお気に入りコーナー。ひと目惚れしたステンドグラス窓の右端にはベンチがあって、座っていつまでも眺めていたかったです。〝侯爵夫妻の寝室〟には、窓に向かってドレッサーが配置されていました。レースカーテンのドレープの美しさにもうっとり。

1旧前田侯爵邸の洋館。私が「わ、素敵」と声をあげると、友達が「これは裏側なのよ（笑）」と。2外の緑が窓台に映り込んで。3こちらが洋館の玄関。4細やかな意匠が施された手すりや壁。5「日本民藝館」は門の外から見ただけでもうワクワク。6旧前田侯爵邸の洋館にある〝夫人室〟。絨毯は実際に使われていたものを修復したそう。7この窓から向かいの建物の屋根裏部屋に灯りがともるのを見てみたいと思いました。

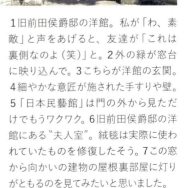

旅の日程が決まったら、皆さんはまず何をしますか。私の場合、ガイドブックや雑誌から行きたい場所をピックアップして、どんどん「旅ノート」に書いていきます。「旅ノート」に使っているのは、娘がイタリアでお土産にと買ってきてくれたノートで、紙の質感や花のイラストが私の好みにピッタリ。色使いからして異国の香りが漂い、手にしただけで胸がワクワクするんです。

最初にノートを使ったのは、10年前の9月に行った初めての京都ひとり旅です。当時はスマホの地図機能も今ほど充実しておらず、またうまく使いこなせなかったので、手描きの地図に行きたい場所や訪れたいお店の営業時間や定休日などを書いていました。

ただ、ノートに書いたものはあくまで予定ですから臨機応変に。もしそのとき行けなくても、またのお楽しみにとっておけばいいかな、というぐらいのざっくりさで考えています。本書に京都旅のページもありますが、今回行った「ディーアンドデパートメント京都」も何年も前から地図つきで記入していたんですよ。

「お決まりの旅の友〜旅ノート」

stamp here
恐れ入りますが
85円切手を
お貼りください

postcard

104-8357

東京都中央区京橋3-5-7
主婦と生活社
新事業開発編集部

60代 大人旅の愉しみと工夫
愛読者係 行き

ご住所 □□□-□□□□ ☎ - - 都道府県 市郡区町	
メールアドレス @	
フリガナ お名前	□女性 □男性 年齢 歳 □既婚 □未婚 職業:

＊本書をどこでお知りになりましたか？
□「暮らしとおしゃれの編集室」Web
□著者インスタグラム
□書店・ネット書店
□そのほか（ ）

＊本書をお買い求めいただいた理由は何ですか？（複数回答可）

□ 表紙にひかれた
□ テーマにひかれた
□ 小暮涼子さんが好き
□ 旅行が趣味だから
□ そのほか（　　　　　　　　　　　　　　　　　　　　）

＊本書の中でよかったページと、その理由を教えてください
[　　　　　　　]ページ／
理由（　　　　　　　　　　　　　　　　　　　　　　　　）

＊本書の中で興味がなかったページと、その理由を教えてください
[　　　　　　　]ページ／
理由（　　　　　　　　　　　　　　　　　　　　　　　　）

＊本書の中で行ってみたい場所があればお書きください

＊本書のご感想、小暮涼子さんへのメッセージがあればお書きください

このはがきの個人情報は、株式会社主婦と生活社（以下「当社」といいます）が厳重に管理
し、賞品の発送やそのアフターケアに使用いたします。また編集部のイベント等のご案内、なら
びに調査・統計、企画開発に使用する場合がございます。
詳しくは当社のプライバシーポリシー（https://www.shufu.co.jp/privacy）をご覧ください。

いっぽう、夫との旅では夫がツアーコンダクターを務めてくれるので、旅程を聞いてノートに書き込み、その中に私の行きたい場所が組みこめれば入れてもらい、無理だったら諦めるか別行動にしようと提案します。また、景色を楽しむために行くような場所は、雨だったら美術館にしようとか、代案とその情報も書いておきます。

そうして、出発が近づくころには、それなりの量の情報や大まかな地理がわかってきて、より旅が楽しいものになっていくのです。近くの温泉に行くようなのんびりした旅のときは別ですが、まだ見ぬ土地へ思いをはせてアンテナを張り、自分の好奇心を満たす場所を旅ノートに書き込む時間はなかなか楽しいもので、ここから旅は始まっているように私は思っています。

とはいえ、まさかこんな風に旅ノートの中身まで本で公開する日がくるとは夢にも思わず、もう少しきれいな字で書いたらよかったわと、反省しきりです。自分だけが見るノートと思って書いたものなので、大目に見てやってくださいね。

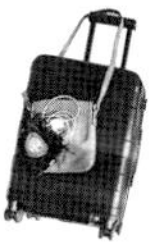

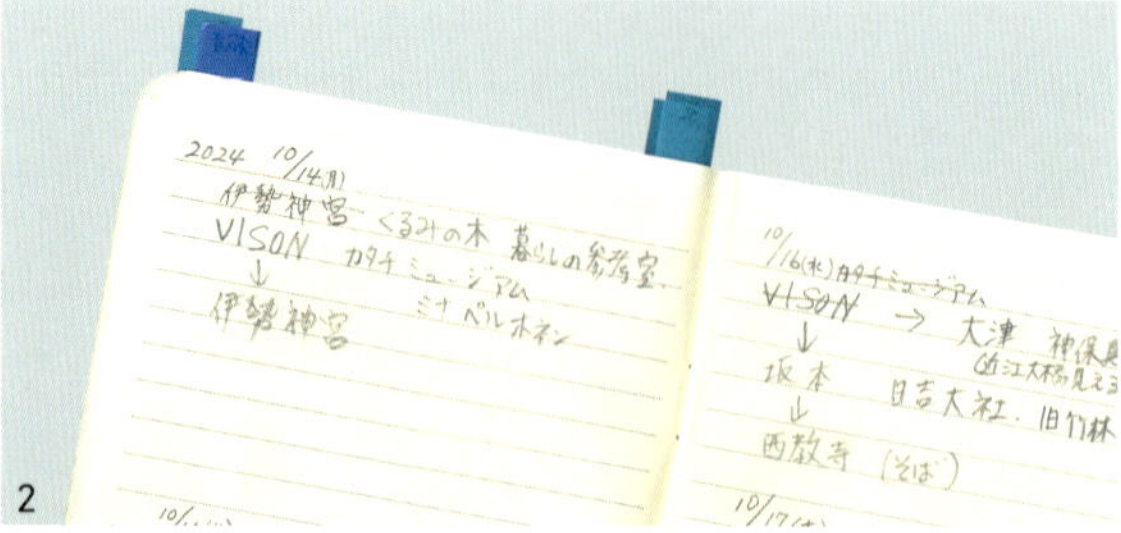

2

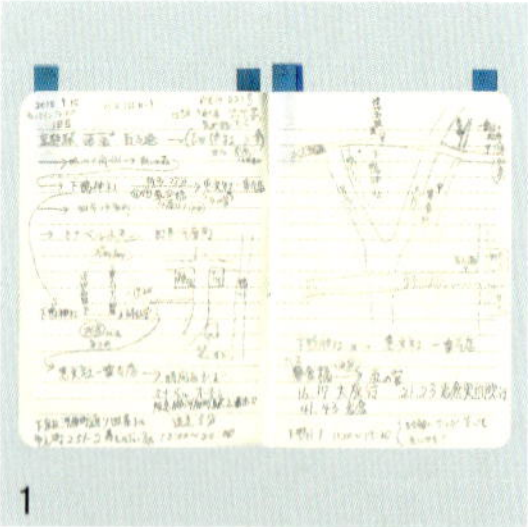
1

手描きの地図は不思議と頭に入るのです

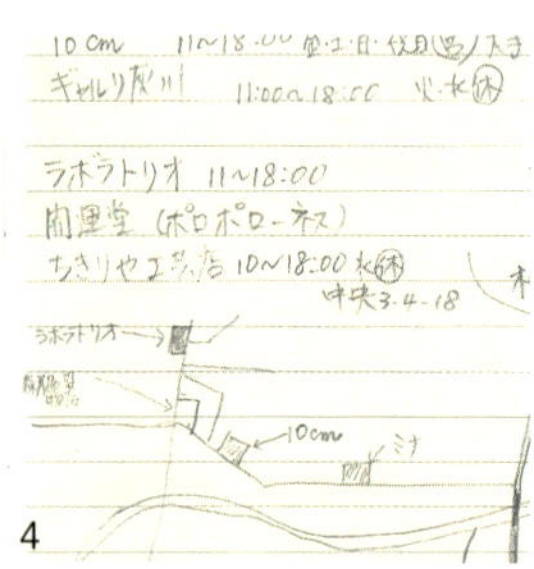

4

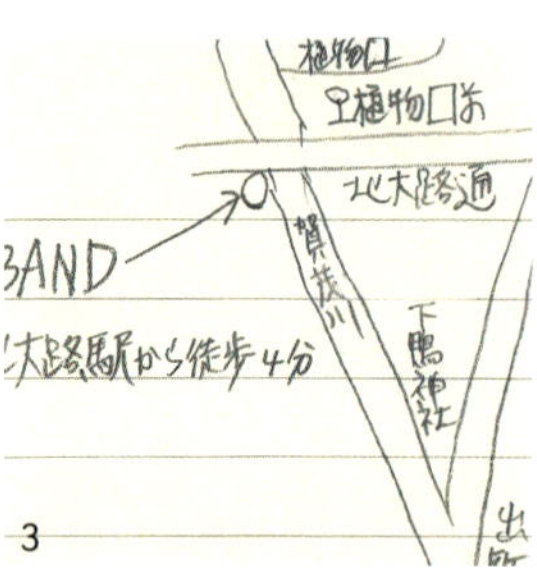

3

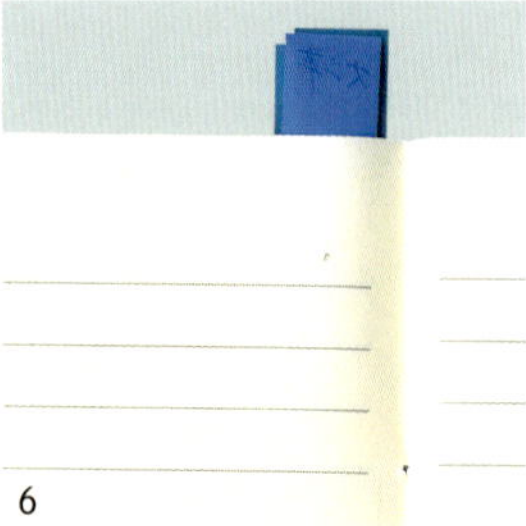
6

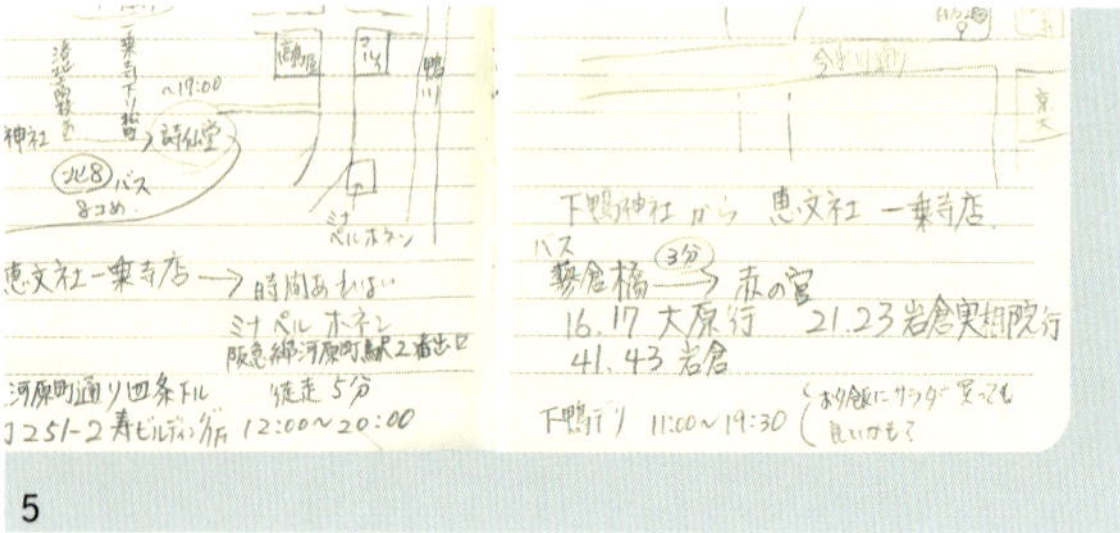

5

1京都にはお寺はもちろん、気になるお店もたくさんあって、手描きの地図がどんどん拡張されていきました。2最新の旅ノートのページ。私はとにかく「ヴィソン」に行きたかったみたい。無事に行けてよかったです。3京都の「ワイフアンドハズバンド」は10年前に書き込んだのにまだ行けてません（涙）。4このページは松本ですね。次回はぜひ「ちきりや工芸店」と「10センチ」が開いていますように。5初めての京都ひとり旅ではバスの系統番号や行き先などこと細かに書いていました。6これからここに海外への旅も書き込めたら。候補地はパリと韓国かな。

旅ノートを書き始めて今年で
ちょうど10年。ずっと一緒だっ
たと思うと感慨深いです。

旅にまつわる
エトセトラ

OTONATABi note

旅の本

空想の旅に始まり
本をなぞらい
目的地を選ぶことも

初めての京都ひとり旅の前に読んで夢をふくらませた、小林由枝著『京都でのんびり』『京都をてくてく』（祥伝社黄金文庫）。著者は京都で生まれ育ったイラストレーターで、イラストもかわいらしく内容も「ここからの夕日が素晴らしい」「この神社の湧き水を水筒に入れて帰ります」などワクワクすることがいっぱいです。

司馬遼太郎著『街道をゆく』（朝日文庫）は夫の本です。旅の途中でよく「『街道をゆく』にこの辺りのことが書いてあって」と話し出す夫にとってこの本は最高のガイドブックなんでしょうね。

中島たい子著『パリのキッチンで四角いバゲットを焼きながら』（ポプラ社）は、パリ在住の著者の叔父とその妻であるフランス人の叔母の日常がつづられています。ドライブのおやつにと手渡された、板チョコを挟んだバゲットが最高だったとか、モン・サン・ミシェル名物オムレツは美味しくないという叔母評など、ガイドブックにはない面白エピソードが満載。

稲垣えみ子著『人生はどこでもドアリヨンの14日間』（東洋経済新報社）も大好きな一冊。民泊サイトで宿泊先を決め、普段と同じように過ごそうとマルシェに通い自炊する著者。おからと塩の〝おから床〟の漬物も美味しそうで興味津々。

滋賀・近江八幡の「ラ コリーナ」の草屋根はおとぎ話に出てきそう。

3

4

2

1

5

6

8

7

インテリア好きな私の街歩きの楽しみは建物の窓を見ること。一般住宅では気密性や省エネ効果が優先されてサッシ全盛ですが、お店や古い建物には個性があって魅力的な窓がいっぱいです。もちろん窓から外を

1 京都のホテルの窓から駅ビルに映る朝焼けを。2 函館ハリストス正教会のアーチ形の窓にうっとり。3 ゆらぎが魅力的なガラス窓は「ラ コリーナ」で。4 深い緑色とアイアンの組み合わせが素敵。5 横浜ベーリックホールにはかわいい四つ葉状の小窓が。6 小田原文学館は防犯柵までおしゃれ。7 松江城内の興雲閣は和洋折衷でドラマティック。8 味のあるフランス窓は近江八幡の白雲館にて。

1白雲館の階段踊り場には、ブルーを基調にしたステンドグラスも。2玄関の小窓も印象的な小田原文学館。3長野県東御市「パンと日用品の店 わざわざ」の手作り感いっぱいの窓。4代官山の西郷橋のたもとのレストランの窓は、眺めるだけで満足。5カッチリきれいにカットされているのではなく、どこか手のあとを感じる素朴さが魅力。碌山美術館の四つ葉の窓。

TABi NO Collection 1

窓

外から内へ 内から外へ 切り取りマジック

眺めるのも大好き。本書で紹介している旅先以外でもずいぶん撮りためました。ここ最近でいちばんの収穫は、京都駅前のホテルからの景色でしょうか。向かいの駅ビルの窓が鏡のようになって朝焼けと京都タワーが映し出された時には興奮しました。

そして、やっぱり惹かれるのは木枠の窓。なかでも松本の碌山美術館の葉っぱを模した窓にはビックリ。外の緑の葉が見えているのもとてもよかったです。建築史家・藤森照信さん設計による「ラ コリーナ」の窓は季節ごとに草屋根の植物の表情が変わって新鮮です。

1代官山の旧浅倉家住宅には緑を見下ろす見晴し台のような窓が。2暖簾がひらひらと揺れる窓は憧れ。3格子窓が素敵な病院。受診時の気分も軽くなりそう。4周囲の花や蔦も相まって可憐な趣。5自宅近所のイタリアンレストランはワイン色の窓枠と植物の組み合わせが絵画のよう。6窓の縁どりまで細やかに造られていて、技術に驚きました。

西洋風の窓は憧れと乙女心をくすぐりますが、和の雰囲気もやっぱりいいですよね。レトロという言葉をよく耳にするようになってから、今まで簡単に壊されてしまっていたような古い日本家屋がリノベーションで生まれ変わり、お店やホテルとして活用されているのを見ると、なんだか嬉しくなります。

近江八幡で見かけた格子窓がズラリと並んだ端正な建物は、旅館か何かと思ったら、まさかの病院でした。素敵なセンスですね。

DIYが好きな私は、窓まわりがどんなふうに造られているのかを見

3

1

2

4

1ロビーの窓から噴水のある庭が見える京都国立博物館。2竹細工がアクセントになった愛らしい障子窓。3小人が住んでいそうな小さな窓が「ラ コリーナ」にありました。4鳥羽市立海の博物館のルーバー窓。5おしゃれなお店がテナントに入っている上野の古いビルでは防犯柵の代わりに金網が。すごい発想です。

5

るのも好きです。街で見かけた家の窓はアーチが上についたデザインで、近くで観察すると複数のパーツで造作されていました。昔の職人さんの細やかさに脱帽です。

お気に入りの近江八幡の「ラ　コリーナ」では、回廊の内壁がストライプになっていて小さな窓がついていました。よく見ると茶色い部分が板張りで、その間を白い漆喰で埋めて柄になっていて〝これは真似できるかも〟とワクワクしました。

旅先や街角で見つけた窓を切り取ったら、自分の好きなテイストがギュッと凝縮されていましたよ。

北本の雑貨店「やいち」はカフェも併設。テーブルには近くで摘んだ花が。

「やいち」で買ったスリップウェアは使わない日がないほど大活躍。

1お店のサインも洗練されています。2〝成田パン〟は3年待ちだとか。3卵焼きもこんがり美味しそうに焼けます。4デッドストックの茶托。選びに選んだのにサイズが違ってたというオチ（笑）。5バスタブみたいな白い器も。6運よく買えた安藤雅信さん作の器。7伊藤丈浩さん作のスリップウェアは365日フル稼働。8白漆のお椀。黒と赤は持っているので、即決。

1

OSAMPO TABi 3

連れ帰った器たち、すっかりなじんで"ウチの子"に

9山田洋次さん作のスリップウェアは飾ってインテリアのアクセントに。10色が気に入ったプロヴァンスの水差し。11古い丹波焼の片口は花を飾ることも。12ここで初めて買った藍色のハットボウル。帽子のような形からついた名前だそうですよ。

3

2

ここで選んだものは間違いない。

埼玉県北本市にある手仕事と古道具とカフェのお店「やいち」は、私にとってそんなお店です。JR高崎線北本駅から徒歩1分。とても便利な立地なので、人気作家の個展には、都内や神奈川からも多くのお客さまがいらっしゃるそうです。

初めて「やいち」で買ったのは、石田誠さん作のブルーの器。「緑の葉ものをのせたらきれいですよ」の店主の方の言葉に、使っている時のイメージが浮かんだからです。同じシリーズの器を国立新美術館のミュージアムショップで見つけたときは、

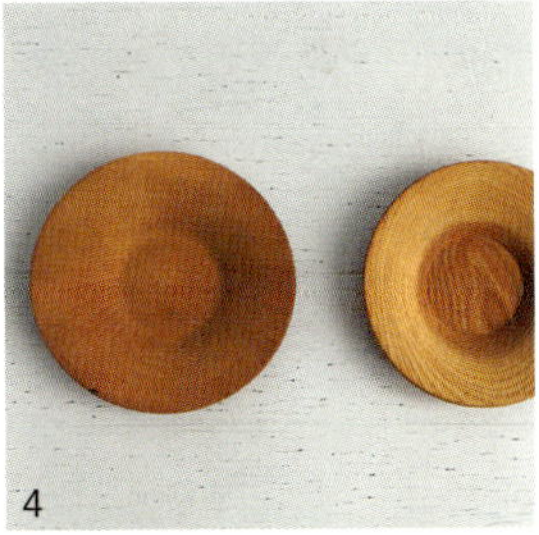
4

5

6

7

8

9

10

11

12

ちょっと誇らしい気持ちになりました。

成田理俊《たかよし》さん作のフライパン〝成田パン〟は、友達と寄った時に出会いました。これまた店主の方に勧められて手に取ると軽さにビックリ！

実はずっと鉄のフライパンを探していて、いろんなお店で重さをチェックしていたのです。鍛鉄で作られた〝成田パン〟はデザインも美しく、友達とただちに予約しました。

時間があればカフェでお茶をすることも。「ヴィソン　カタチミュージアム」をプロデュースされた内田鋼一さんの加彩ボウルで、カフェオレをいただくのも楽しみなんですよ。

1

2

3

4

5

この日、私は杉田明彦さんの作品展に朝から出かけました。なぜかというと、告知で見た白漆のお椀がとても気になったから。一番乗りすると素敵な漆器がズラリと並んでいて。私が欲しいと思っていたスッとした形のお椀もあり迷わず「これください」とお買い上げ。家で使っている漆のお椀は黒と赤なので、目先が変わって食卓が楽しくなりそうとにんまり。ずっと待っていると思いがけない出会いもあるものですね。

　無事にお目当てをゲットしたことで、ゆっくりと店内を拝見。下の棚にも思いがけないものがあるので、

1器のほかに帽子やかごも。奥の棚にフランスのアンティークが並ぶときもあり、また違う雰囲気になります。2茶室のようなしつらいで静謐な場所に黒い漆器がぴったりでした。3ニッチにさりげなくディスプレイされただけでも魅力的に見える器。4居心地のいいカフェスペースでは作家ものの器が使われています。ランチもデザートも美味しいんですよ。5ショップの片隅に不思議なオブジェが。高い場所にある窓もいいですね。6木箱を重ねた簡素な棚がどうしてこんなにおしゃれに見えるんでしょう。7お店のドアも丸い灯りも趣があります。

見逃せません。お店で毎回感じ入るのはディスプレイの素晴らしさ。名もなき草花を、センスよく飾っているのもいいんですよね。いつも「また来ます」と店をあとにしますが、欲しいものが多すぎて頻繁に行くと危険（？）なのが困りものです。

空間、展示、大好きな場所

高崎の「ジャンティーク内田商店」はサボテンの飾り方からして素敵。

倉庫みたいな店内にワクワク！　桐生の「パーヴェイヤーズ」。

日帰りでヴィンテージ巡り

近所に住んでいても、普段はたまにしか会わない長男夫婦ですが、年に数回おしゃれな雑貨やヴィンテージのお店に連れ出してくれます。ようやく過ごしやすい気候になった秋のとある日「桐生に行くけど一緒にどう?」と連絡をもらい、大喜びで出かけました。

行き先は前にも訪れたことのあるアウトドアと旅のコンセプトショップ「パーヴェイヤーズ」です。まずは併設されたカフェで食事を。ゆったりしたソファ席に座ってまわりを見渡すと、以前にも増していい雰囲気になったみたい。特にカウンターあたりのインテリアが素敵すぎます。それぞれ好きなものを選んだワンプレートランチは彩り豊かでスパイスがふんわり香り、最高のお味でした。

食事のあとは上のフロアへ。2階は色味を抑えたアウトドアグッズが並び、とっても絵になります。3階はファッションを中心としたセレクトになっていて、テラスからは桐生の街が一望できます。広々としたテラスでひと休みしたら、次の目的地へ出発。

向かったのは同じ群馬県内、高崎にある「ジャンティーク内田商店」。こちらは中目黒の人気古着店「ジャンティーク」の2号店ということでずっと前から行ってみたかったのです。到着して中に入ると、古着が天井までぎっしりと並ぶ姿に圧倒されました。まるでひとつの部屋のようにあしらわれたフィッティングルームにも感嘆し、店の外に植えられた植物も珍しいものばかりで目を奪われて。すみずみまで行き届いたセンスに改めて尊敬の念をいだきました。

高崎は私が幼いころ、両親や親戚と（ときには祖母も）お出かけする街でした。実家からは都内に出るよりも高崎の方がずっと近くてデパートもありましたから、おもちゃ売り場で何か買ってもらって、ファミリー食堂の大テーブルで従兄弟と並んでお子様ランチを食べるのが一大イベントだったんです。

そんな思い出いっぱいの高崎の街に、今はこんなに素敵なヴィンテージのお店があるなんて！　嬉しくもあり、なんだか誇らしくもあり、オーナーの方にはお会いしたことはありませんが、密かに感謝しているんですよ。

2

1

1「ジャンティーク内田商店」の道路側の入口。センスのいい植栽が気になり、なかなかお店に入れません。 2こちらは駐車場側の入口。すでに〝素敵〟があふれ出ています。 3雑誌で目にしていた大きな棚は実物を見られて大満足。 4ごく普通の松の木もここにあるとおしゃれですね。 5「パーヴェイヤーズ」 3階のテラス。次に買うのはこのジョウロがいいな。 6カフェを2階から見下ろすとこんな感じ。吹き抜けで開放感いっぱいです。 7お店の片隅にかわいいアドバルーンが。ディスプレイに夢がありますね。 8長男夫婦を隠し撮り（笑）。〝仲良きことは美しきかな〟見習います。 9唐揚げもカレーもサラダもすべて美味しくて感激！ 10「パーヴェイヤーズ」の外観。右側にはクラフトビールの醸造所も。11ちょっとしたイラストやフォント、どこを見てもおしゃれです。

4

3

7

6

5

8

YOU NEED IS CAMP
Venture Onward
GOING TO MOUNTAIN IS GOING HOME
10

9

CAMP AT the Top of a Mountain
P
11

伝統と革新が隣り合わせ

マイカーで滋賀へ。琵琶湖畔のとあるホテルは、長男の勤務先の福利厚生でお安く利用できるので何度かお世話になっています。ホテルがある琵琶湖の湖西地方からは大原が近いので京都方面に足を延ばしたこともありましたが、今回は近江八幡市と大津市を巡ります。

近江八幡に着いたら、まずはロープウェイで八幡山へ。八幡山城の北の丸跡からは西の湖と安土山の手前に広がる田畑が望め、風景画のよう。水と森に育まれた土地ならではの景色です。ロープウェイで麓に戻り、少し歩くと八幡堀が見えてきました。お堀を手漕ぎの和舟がゆっくりと進む姿は風情があり、時代劇のワンシーンが目に浮かびました。ドラマや映画のロケ地として人気があるのも頷けますね。

さらに歩いていると、お堀の先に白雲館が見えてきました。元は近江商人などの寄付により建てられた小学校だったそうで、現在は観光案内所として利用されています。近江八幡には、明治時代に来日し活躍した建築家・ヴォーリズによる建物が数多くあるので、観光案内所でいただいた地図を片手にさっそく散策を始めました。こんなときありがたいのは地図を見ただけで、サッとお目当ての洋館を見つけていく夫の存在です。私だったらゆうに2倍の時間を要するところ、あっという間にコンプリート！　おかげでゆっくりお茶の時間が取れて、夫リクエストの「近江八幡日牟礼ヴィレッジ」にあるカフェで優雅なティータイムを過ごせました。

　スイーツといえば「ラ　コリーナ」も大好きな場所。建築史家の藤森照信さん設計の草屋根の建物や店内のいたるところが、かわいらしさと夢にあふれていて自然と頬がゆるみます。僭越ではありますが、藤森さんは自分と似た感覚というか〝かわいい〟のツボが同じで、いつもお菓子そっちのけで楽しんでしまいます。その間、夫がお菓子をしっかり吟味しているのでなかなかいい旅のコンビかも？

　我が家はこの旅を最後に車を手放しまして、近江八幡から少し離れた「ラ　コリーナ」にまた行けるかわからないのが、ちょっと残念です。お近くに旅行される方がいらしたら、ぜひお菓子のほかにも〝かわいい〟をたくさん見つけて楽しんでほしいと思います。

水と森と育っていく場所

OTONA TABi 4

滋賀

2

3

1

建物探訪の旅に美味しい空気とごはんがついてくる

1はるか昔にタイムスリップした気分になれる手漕ぎの舟。2「ラ コリーナ」は店内の植栽も生き生きとしていました。3ヴォーリズ建築の旧八幡郵便局。4アンドリュース記念館は、春と秋に特別公開しているそう。次は中も見たい！

4

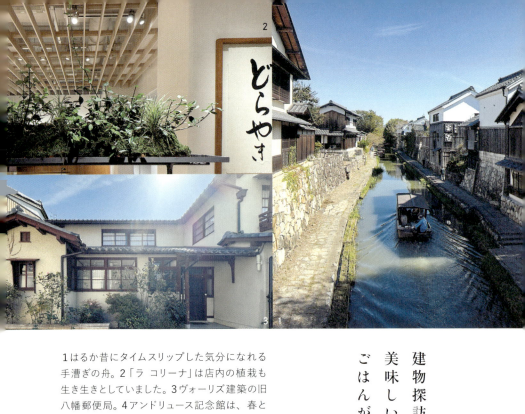

6

5

5「近江八幡日牟礼ヴィレッジ」での一皿。6一柳記念館(通称ヴォーリズ記念館)は素朴な木の門扉がとてもお似合い。7 8「ラ コリーナ」のときめきスポット。トンネルみたいなスペースと木の生え方が面白い小山のような建物。

8

7

近江八幡から大津へ。旅ノートに記した大津での旅程には、石積みのある門前町・坂本の地名が。そこに気になるお店やお蕎麦屋さんが加わって、お買い物や美味しいものも楽しむ旅となりました。

宝石にあまり興味はありませんが、真珠だけは別です。だから大津の「神保真珠商店」のことを知った時は、とてもワクワクしました。「神保真珠商店」で扱う〝びわ湖真珠〟は美しい照りの丸いものから、ラウンド・ドロップ・ロングと呼ばれる不思議な形のものまで、個性豊かです。私はふたつの真珠が繋がったユニークな形のピアスを買いました。ほかでは見かけない真珠なので、とても気に入っています。

次に向かったのは「中川誠盛堂茶舗」、安政5年創業の老舗です。大津に行ったのは10月でしたがまだ暑く、お店に入るなり美しいガラスの器で出してくださった冷たいお茶の美味しかったこと。店主の方と奥さまのサービス精神も素晴らしくて「お勧めのお茶はどれですか?」とお聞きして、ほうじ茶と緑茶をお土産に買いました。

お昼前にいよいよ坂本に移動。夫がリサーチしていたお蕎麦屋さん

私の旅はお買い物抜きに語れません

「手打蕎麦 鶴㐂《つるき》」へ。お店に入り奥の間に通されると、緋毛氈《ひもうせん》越しに美しいお庭が見えてお蕎麦がますます美味しく感じました。

旅の前に私は夫の勧めで、坂本の石工集団〝穴太衆《あのうしゅう》〟を描いた、今村翔吾さんの『塞王《さいおう》の楯』を読んで予習済み。穴太衆による自然石を組み上げた堅牢な石垣は〝穴太衆積み〟と呼ばれ、安土城をはじめとする城郭や寺院などの建築に用いられたそうです。坂本ではこの石垣を見るのを楽しみにしていたので、日吉神社の参道で苔むした穴太衆積みに出会った時には感激しました。

今回の滋賀への旅が我が家のマイカーでの最後の旅となりました。新婚旅行先のオーストラリアでのレンタカーの助手席からウン十年、これまで快適な旅を続けてこられました。そう考えると少し寂しい気持ちにもなりますが、これからは電車でののんびりとした旅が待っています。ずっと運転手を務めてくれた夫には本当に感謝しています（本人には直接言わないけど・笑）。お疲れさまでした。次の遠方への旅行では、帰りの荷物は宅配便で送ろうね。

中川誠盛堂茶舗

OKAIMONO TABi

大津は千二百年の歴史を持つ日本茶の祖なんだそう

お店の棚にずらりと並んでいたのは、創業当時に使われていた京都「開化堂」の茶筒。試飲させていただいたお茶はどれも香り高く味わい深く、茶器も美しくて感激でした。

神保真珠商店

OKAIMONO TABi

びわ湖真珠のデザインは日々の装いにも活躍しそう

クラシックな店構え。ふたつきのガラスジャーに貝を入れたディスプレイも素敵です。小さな真珠の入った砂時計は、熱に弱い真珠での製作が難しく、現在はその技を受け継ぐ職人さんがいないため非売品だそう。

手打蕎麦 鶴㐂

OISHIIMONO TABi

創業三百年の蕎麦と登録有形文化財の建物を愉しむ

シニアの胃にはやや重い天ぷらは夫とシェア。お蕎麦の美味しさはもちろん、庭の片隅に置かれた蚊やりまで趣がありました。人気のお店なので早い時間の入店をお勧めします。

2

1

4

3

6

5

1ホテルの前からの琵琶湖、遠くに見えるのは沖島。2野ばらの実のあしらいも素敵な「神保真珠商店」。3八幡山にはカラフルな提灯が。4お夕飯前に外からホテルをパチリ。5お店の歴史を感じる「中川誠盛堂茶舗」の茶筒。6ここを歩けて感激。坂本の〝穴太衆積み〟石垣の道。

2	1
4	3
6	5

島根県安来市にある足立美術館は、テレビで紹介される度に「元気なうちに行きたいね」と夫と話していた場所でした。新幹線で姫路まで行き、そこからレンタカーで松江と島根をまわるのが、我が家のツアーコンダクター（夫）が考えたコースです。東京駅から新幹線で約3時間。姫路駅では駅のホームから姫路城が見えて感激しました。駅前で予約していたレンタカーに乗り込み、松江に向けて出発。お昼過ぎにはホテルに着き、松江の街を散策しました。このころ自宅の窓リノベを考えていた私は、松江城内の興雲閣の窓やドアを見て、おおいに夢をふくらませたのでした。

翌朝は早い時間にホテルをチェックアウトし、楽しみにしていた湯町窯へ。出雲布志名焼の流れを汲む窯元なのですが、平日は朝8時から開いていてありがたかったです。中に入るとＮＨＫ「美の壺」で拝見した職人さん自らが出迎えてくださり、びっくり。あれこれお話を伺い、やさしい笑顔で見送られ、幸せなお買い物をしました。

足立美術館のある安来市に向かう途中、雨が降ったりやんだりして

自然も造形もどちらも美しい

いましたが三保ヶ関灯台に立ち寄ると、海から上がる虹が見えましたよ。夫が予約してくれたのは足立美術館から徒歩1分の「さぎの湯荘」。真新しい旅館ではありませんが館内はお掃除が行き届いていて清潔で気持ちよく過ごせました。さらに廊下のニッチや窓辺に置かれた絵画や照明も素晴らしい審美眼で選ばれていて、美術館に行くために早い時間に宿を出るのが惜しいと感じるほどでした。

そして待ちに待った翌日、オープンと同時に足立美術館へ。〝日本一の庭園〟と評判のお庭と感激の対面です。丁寧に手入れされ、背後の山々を借景にした日本庭園の美しさには、ため息が出ました。敷地内にはカフェもあり、庭を眺めながらひと休みできるようになっています。また、展示物も庭園に負けず劣らず充実しており、日本有数のコレクションと言われる横山大観の近代日本画のほか、現代日本画や北大路魯山人の陶芸や書画など魅力的な作品がたくさん。

さまざまな場所へ旅しましたが「ここに来るのは最後かな」と思うことが多くなりました。合言葉は「元気なうちに遠くへ」ですね。

好みのランプに出会ってしまった

OTONA TABi 5

松江&島根
姫路

2

1

庭、器、しつらい…
目線の先は
やっぱりこれです

１三保ヶ関灯台の赤い屋根にぷかぷか浮かぶ雲、そして虹。２松江城内の興雲閣はインテリアの見本帖のようでした。３足立美術館の庭園を撮る夫。「元気に旅をしてるよ」と写真を子どもたちに送りました。４赤い絨毯がこんなに似合う場所もないと思えた、興雲閣の階段。５夢のような景色！　大好きなスリップウェアがいっぱいの湯町窯。６７「さぎの湯荘」のしつらいは、構築的なランプもさり気ないアートも絶妙のセンスでした。

3

4

5

6

7

島根から姫路に戻り、レンタカーの旅はここまで。駅前でレンタカーを返したらホテルに荷物を預けて、さっそく姫路城に向かいます。駅から続くまっすぐの道の真正面に姫路城が。近づくにつれワクワクした気持ちが増していきます。

すでに姫路城の見学時間は終わっていたので、手前にある広場のベンチに座ってしばらく眺めていたところ、だんだん日が暮れてきてライトアップが始まりました。薄闇の中に真っ白なお城の壁が青白く浮かびあがる姿は、まさに白鷺《しらさぎ》城だなと心の中で拍手していました。この白壁は漆喰を壁面から軒裏まで塗り固めた総塗籠《そうぬりごめ》という技法によるもの。美しさと同時に権威を誇るものだったそうですよ。

帰るころにはだいぶ日が傾き、お堀の水面に映るブルーモーメントの空も息を呑む美しさでした。ホテル近くまで戻ったらお夕飯は焼肉を。宿泊先近くにお店が多い場所では、宿ではなく外で食事をするほうが時間の融通がきいて便利です。

翌朝は快晴。ホテルに泊まったらいつもそうするように、バスタブ

どう撮っても絵になるフォルム

にお湯をはってゆっくりとお湯に浸かります。普段と違いたくさん歩いた脚の疲れもスッキリするし、何より贅沢な気分になれます。朝食はホテル1階のコーヒーショップで美味しいモーニングをいただき、ふたたび姫路城へ。見学開始の9時に門の入口に到着。外国人観光客もいっぱいです。お城の中の見学も楽しいけれど、真下から眺めるとすごい迫力です。窓の下につき出たパイプが気になりガイドの方に尋ねてみたら「雨跡で白壁が汚れないように窓枠にたまった雨水をパイプを通して外に流しているんです」と。小さな工夫が、あのほかに類を見ない白さの秘訣なんだなと感じました。

たっぷり時間をかけて姫路城の見学を終えたら駅前まで戻り、お弁当を調達して帰りの新幹線に乗りました。美味しくお弁当を食べ終えると、ちょうどいいタイミングで車内販売がやってきたので、アイスクリームを買っておやつタイムです。このすぐあとの2023年10月末に新幹線の車内販売は終了したそうで、このとき食べたアイスクリームも思い出の味となりました。

夜の散歩も旅ならでは
思いがけない美しい
景色に出会えたり

姫路城まで歩ける距離のホテルに宿泊したおかげで夕方の散歩もでき、帰り道ではお堀のしっとりとした景色にみとれました。出張でいらしたらしきスーツ姿の方々も仕事を終えて観光を楽しんでいて微笑ましく感じました。昼間とはまた違う表情を見せる夜の姫路城もぜひ。

1まばゆいばかりの朝の姫路城。真っ青な空を背に光輝いていました。2屋根瓦の間と継ぎ目に白い漆喰らしきものを発見。〝屋根目地漆喰〞という特殊な技法で、屋根まで白く見えるのはこのおかげ。3日暮れ前に行くとライトアップの瞬間も。4桜門橋からの景色は情緒たっぷり。

2	1
4	3

我が家は郊外ではありますが駅からは近く、普段はほとんど車に乗ることがなく、せいぜい月に一度ほど。維持費のことも考え、昨年11月に車を手放しました。そんなわけで今後、旅は電車での移動になるため極力荷物を減らしたいと思っています。ここでは夫とのこれからの2泊3日旅を想定して荷造りをしてみました。

荷物はそれぞれコロコロのついた小さめのスーツケースにひとつずつ収めます。スーツケースはタイヤが壊れたときにスペアが入手しやすそうなので「無印良品」のものにしました。持ち物としては、まずは忘れたら困る化粧品。化粧水やクリームは、小さい容器に詰め替えたものを、旅行用の小さな洗顔石鹸とまとめてポーチに入れます。次にメイク道具は、旅行当日の朝にメイクをしながらブラシなど使い終わったものから順にメイク用ポーチに入れていきます。

そして着替えの服。行きと帰りは同じボトムにして荷物を減らす作戦です。靴下や下着も最低限の量にして、これまでの旅でも靴下は初日に手洗いして帰る日にまた履くことも。けれどホテルの浴衣は苦手

「旅の持ち物〜泊まり旅のとき」

なので、パジャマがわりにしているTシャツとパンツは持参します。温度調節に薄手のカーディガンやストールも必ず1枚は携えて。マイカーでの旅では替えの靴なども積み込んでいましたが、荷物を軽くすることが道中の安全のためにも最優先になりますね。

　そうそう、ホテルの滞在中に外で買ってきたケーキなどを食べるためのフォークを持って行くと便利です。人気の観光地ではどこのお店も混んでいるので、テイクアウトをして部屋で食べるほうがくつろげることもあり。フォークと一緒にビニール袋も持っていくとゴミをまとめるのに重宝します。

　スマホの充電ケーブルは、昔手作りした小さな袋（子どもが幼稚園で使っていたコップ入れだったかな？）に入れて持って行きます。派手な柄でパッと目につくので、充電ケーブルの使用中は隣に置き、スーツケースにしまうときは袋に必ず入れるようにすると、持ち帰り忘れの予防になります。年齢的にもうっかりが多くなったので、気持ちよく旅を終えるためにも忘れ物には気をつけています。

いつものお気に入りを
さらに絞り込んだ
精鋭のものたちと

1

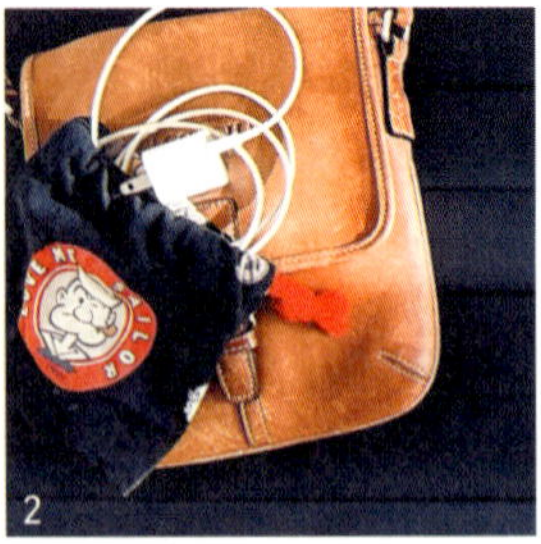
2

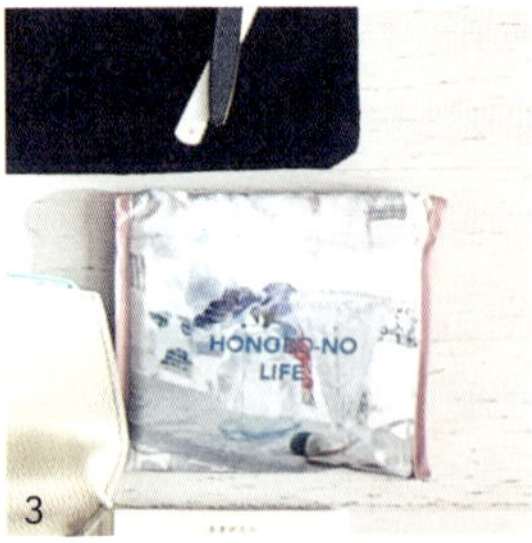
3

4

5

6

7

8

1フォークやビニール袋のセット。ゆっくりしたいときは部屋でお弁当を食べることも。2スーツケースでの移動では、財布や携帯はすぐに取り出せるようポシェットに。充電ケーブルも忘れずに。3お買い物好きとしてはエコバッグは必須。4読まずに帰ることもありますが、本はいつも1冊持って行きます。小説よりもエッセイを選ぶことが多いです。5石鹸と基礎化粧品をひとまとめに。6浴衣はスースーして落ち着かないのでパジャマ持参。7メイク道具は「アニエスベー」のポーチに。8薄手でかさばらない服をストールやカーディガンで調節します。

旅にまつわるエトセトラ

OTONATABi luggage

電車移動での旅の一式。荷物が少ないと荷造りも片づけも楽です。

すでに記したとおり、車を手放したことで我が家の今後の旅は電車での移動になるので〝荷物を少なく〟が最重要テーマです。けれど以前、究極に少ない荷物で旅した経験があるんです。それは10年前、初めての京都ひとり旅でした。旅先の京都には知り合いもいないし、街行く人は50代の私のことはきっと気に留めることもないだろうと考えたら、自分が透明人間になったように思えて。「誰も見ていないなら服は最低限でいいよね」と、ある意味開き直れたのです。

そのときの2泊3日旅は9月の初めだったので、お気に入りの「リゼッタ」の麻の淡いピンクのスカートで3日間とも過ごしました。もし汚れても麻は洗えばすぐ乾くし、本当に困ったら何か買えばいいと思いました（京都なら素敵なお洋服屋さんもたくさんありそうですし？）。ブラウスも麻のものにして、荷物に入れたのは替えのブラウス1枚だけ。初日に着たブラウスと靴下をホテルの部屋で手洗いして干し、帰る日にまた着ました。幸い困るようなことは何も起こらず、好きな服を着ていることもあって終始ご機嫌な旅でした。

「2泊3日の春旅コーディネート」

長くなりましたが、その経験をもとに今回も思い切ってごくミニマムな荷物を考えてみました。まずは靴から、選んだのは昨年購入した「ダンスコ」の白。足元が明るくなり、ベーシックな装いのアクセントにもなってくれます。車の旅だと替えの靴も気軽にトランクに放り込めましたが、どんな服にも合うこの一足で乗り切ります。

バッグは愛用のかごバッグを旅先でも使いたいので、スーツケースに入れて持っていきます。かごバッグの中に服やパジャマを入れてスーツケースに収めるから、スペース的には問題ありません。

ワンピースはかさばらないうえ、温泉などでは脱ぎ着が楽なので必ず持っていきます。そして旅の最強アイテムがカーディガンとストールです。今回は3日間の、どのコーデにも合う淡いグレーのカーディガンをチョイス。薄手のコットン素材だから、パジャマの上にはおってもいいし、もし寒かったらそのまま寝ることもできます。ストールは日除けにしたり、肌寒いときに首に巻いたり。もちろん着こなしのポイントにもなって活躍してくれますよね。

たくさん歩くときのコーデ

Vネックのコットンニットに同色のカーディガンでアンサンブル風に。襟元のストールは手作り。愛用しているワンピースの裾をカットした残りで、柄行きとカディコットンの手触りがお気に入りです。白いパンツは「ユージュアル」、綿の靴下は履き心地抜群の「エズ」。

ほんのりおめかしフェミニンなコーデ

上と同じパンツでも小紋柄でふんわり広がる「メゾンド ソイル」のブラウスで、ほんのりフェミニンに。カーディガンは「ホームスパン」のもの。ベーシックカラーのアクセントにしたピンクの靴下は「フォグリネンワーク」で、さらりとした麻の肌触りが最高です。

歩きやすい「ダンスコ」と
ほどよいサイズのかごバッグは
万能な旅の相棒

シックな花柄にひと目惚れしたワンピースは「ユージュアル」。ミニポシェットはスマホをサッと取り出せ、旅でも大活躍。「フォグリネンワーク」のハイソックスはタイツ風に。やっぱり持ってきてよかったかごバッグ、歩きやすい靴とともに私らしくいられる旅の相棒です。

実はあまり知らなかったアンリ・マティスのこと。けれど、友達に誘われ、東京都美術館で開催されていた「マティス展」を観たことですっかりファンになりました。待ち合わせをしたのは上野駅。何年ぶりかに降り立ちましたが、駅構内はリニューアルされており、公園口のあたりもすっかりきれいになっていました。

東京都美術館は上野公園の奥まった場所にありますが、木々に囲まれた道中で、気候がよければお散歩気分で楽しめます。ところが出かけたのは8月、猛暑の最中。緑を楽しむ余裕はなく、ひんやりした美術館に入ると心底ホッとしました。観賞してまずハートを摑まれたのが「夢」という作品。うつぶせの女性の下に描かれた布の青色が印象的で。マティスと聞いて私が真っ先に思い浮かべたのはデッサン画だったのですが、さらさらと細い線で描かれた作品がやはり好きなのだなと思いました。最後の展示フロアでは晩年作である切り紙絵を観て、デッサンや油彩画とはまた違う素敵さに驚きました。体力の低下で筆を持つことが難しくなってしまったマティスが模索してたどりつ

物語に没入する展示室

いた技法だったのだとか。人生、いくつになっても諦めない姿勢って大事ですね。マティス展に行って本当によかった。知らなかった世界を知るっていいなと改めて感じました。

美術館を出たものの「あまりに暑いので外を歩きたくないね」と駅からの途中にあったカフェでお昼を食べることにしました。友達は以前住んでいたマンションのお隣さん、もう30年来のお付き合いです。出会ったときはお互い子育ての真っ最中だったのに、今はこうして美術館に一緒に行ってのんびりランチをできるなんて。幸せなことだなあとしみじみ思いました。

東京都美術館はインテリアや外観もとてもおしゃれ。すっきりした金属性のペンダントライトやフロアごとに違う壁の色、外壁のレンガタイルも北欧風で見ごたえがあるんですよ。時間に余裕があったら、国立博物館前の広場で噴水越しに夕日を見るのもお勧めです。空が広くてとても清々しい景色です。帰ってからさっそく図書館で画集を借りてきて、少しだけマティスに詳しくなりました。

OSAMPO TABi 4

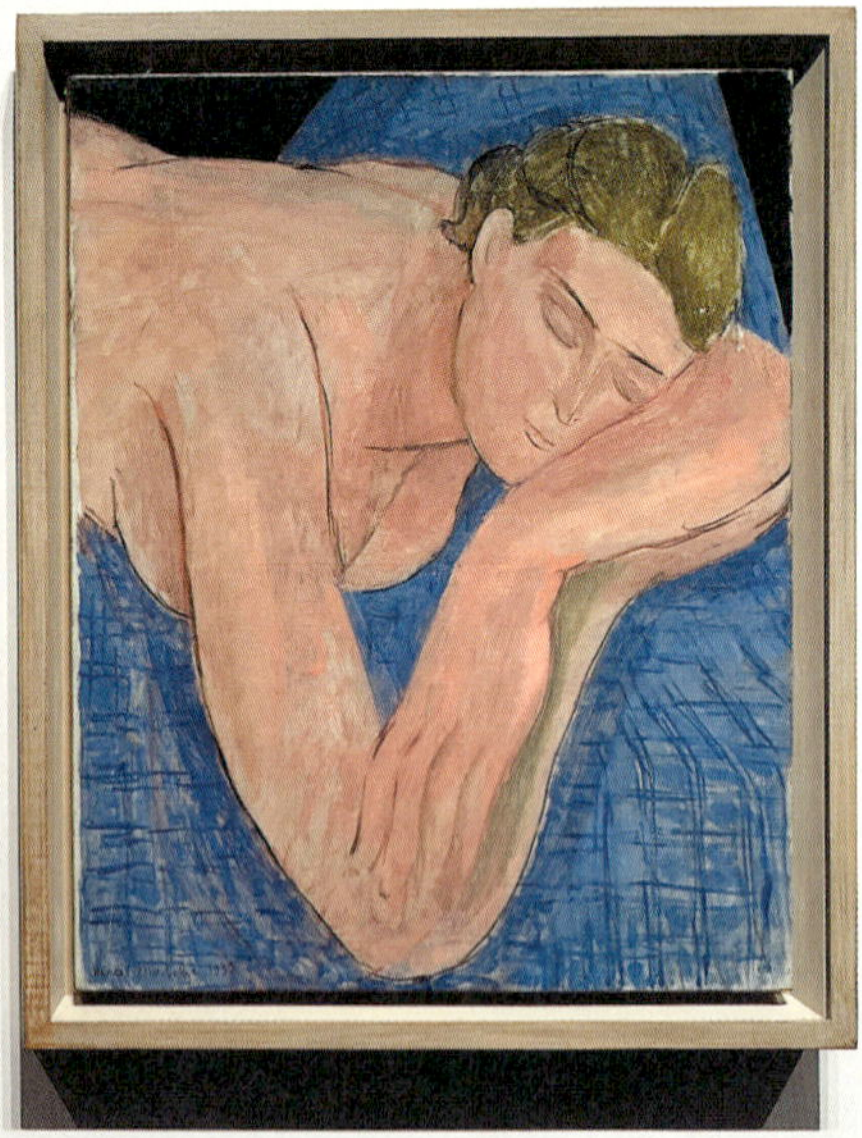

「夢」は、うつぶせに横たわる女性の穏やかな表情も素敵で見入ってしまいました。ふんわりやわらかい灯りの展示会場。この空間そのものがひとつの作品のようにも感じます。主婦としては、ペンダントライトのお掃除をどうしているのか気になったりもするけれど（笑）。

1

2

4

3

6

5

7

1 同じ上野公園内にある国立博物館前では噴水と夕焼けを楽しんで。 2 そのおしゃれさに感嘆した切り紙絵。 3「パイプをくわえた自画像」、この絵も好き。 4 カフェでは外国人観光客がくつろいでいて海外旅行気分に。 5 私の部屋の壁の色に似ていて嬉しくてパチリ。 6 このあと図書館で画集を借りてきました。 7 切り紙絵「ジャズ」シリーズの一枚。鮮やかな緑に惹きつけられました。

器の店「千鳥」に初めて訪れたのは今から7年前のこと。その年に米寿を迎える母に、何か小さくて場所を取らないものを贈りたくて煮物や漬物を盛りつける小ぶりな器はどうだろうと考えたのです。

そこでずっと行ってみたかった「千鳥」に娘を誘って伺ったのですが、お店の第一印象は「ここは美術館？」でした。アンティーク家具を什器に使ったディスプレイが素晴らしく、器もバラエティに富んでいて。インテリア好きには夢のような空間。そんな中でちょうどイメージしていたサイズの、美しい縁取りの器が見つかり、母へのプレゼントに決めました。せっかくなので自宅用にもと、濃い茶色の焼き締めの片口を選んで会計に持って行くと「同じ作家さんの器ですね」とお店の方に言われてびっくりしました。まったく違うタイプの器なのに同じ作家さんの作品だったなんて。このとき選んだ器は松村英治さんのもの。その後も娘とお揃いのオーバル皿を買い求めるなど、少しずつ松村さんの器が我が家に増えつつあります。

ＪＲ水道橋駅西口からほど近い場所にある現在のお店は3年前に移

レトロビルの佇まいも好き

転してきたので、新しいお店に伺うのは初めて。こちらも以前と同様にクラシカルなビルで、映画に出てくるような雰囲気のある入口にワクワクしながら2階へ。ガラスドアから見える店内は相変わらず魅力的で、白い壁や棚が少しモダンな印象です。

お店の中に入ると、奥にある掃き出し窓から街路樹が見えて木々の緑がさわやかです。手前に置かれたガラス作品も窓から差し込む光を受けてキラキラ輝いていました。白い棚にずらりと並んだガラス瓶は、ところどころに花が飾られているのもツボ。どこをとっても素敵すぎて今回も店内をぐるぐる何周もして、ようやく雫《しずく》のような形の織部のお皿を選んでお店を後にしました。

いいお買い物をしてホクホクで階段を降りていくと、踊り場にブロックガラスの窓があって思わず「こんなの家でも使ってみたいなぁ」と心の声が。階段まわりの壁も大胆に色が塗り替えられていてDIYのヒントになりそうです。レトロビルって本当に素敵だわ、と最後まで楽しめたお散歩旅でした。

OSAMPO TABi 5

どんな人に憧れるかと聞かれたら、私は「センスのある人」と答えるかもしれません。ポツンポツンと添えられた淡い色の花がガラス瓶をより魅力的に見せていました。手前の棚に置かれたカップやお皿が松村英治さんの作品。大胆な釉薬の使い方が好きです。

1

1レトロな趣のガラスブロックが好きです。家でも使えたらいいのに。2照明、カーテン、窓の外の緑、ポツンと置かれた椅子もすべて素敵です。3母に贈った松村英治さんの器。手にしているのは母ですが、煮物は私が作りました（笑）。4ドラマのロケ地になりそうなビルの入口。床の敷物もいいデザイン。5さまざまなテイストの器が並んでいるのも魅力的。6大胆な色使いや壁のアール、クラシカルでいてモダンなビルです。

3

2

6

5

4

旅だけではなく、近場のお出かけにも欠かせないバッグ。若いころはバッグを買えばそれに合う靴を、逆に靴を買えばバッグが欲しくなるなどキリがありませんでした。でも60代の今はいたってシンプル。なぜかというと春夏は山葡萄のかごバッグ、秋冬はモコモコのムートンつきのポシェットと決めているからです。

「ほかのバッグが欲しくなることはないの？」と思われるかもしれませんが、そもそもバッグ売り場に行くことがあまりありません。誘惑には近づかないのがいちばん(笑)。

春夏用にしている山葡萄のかごバッグは、長らく探していたのですが、あるとき駅前のショッピングモールでの催事で理想的なサイズのものを見つけました。その少し前に我が家では初孫が生まれたこともあり「これも出会いだわ」と、記念に買うことにしました。その孫も現在7歳。もう7年使い続けていることになりますが、まったく飽きがこず、いい艶も出てきて愛着がさらに増しています。日本の手仕事のものって本当に素晴らしいですね。

「バッグと中身〜近場のお出かけ」

秋冬のポシェットにもエピソードがあります。9年前に行ったパリ旅行の最終日、お気に入りのブランド「ジャマン ピエッシュ」のパリ店を偶然見つけ、お店の素敵なマダムと一緒に選んだものなのです。ちょっと派手かとも思いましたが、年齢を重ねたからこそのかわいいアイテムを持つのもアリかなと、こちらも記念買い。帰国してからこのポシェットに合う黒いコートを新調したので、冒頭の若いころの話とちょっと矛盾しますね（笑）。

バッグの中身についてもご紹介を。年齢のせいか、すぐに喉が渇くので水筒は必ず。メイク直し用の小さなポーチは、友人お手製の白い麻の春夏用と、薄いフェルトの秋冬用を使い分けています。財布はもう10年は使っている「イル ビゾンテ」。縁も破れてきたので、そろそろ新しくしようかとリサーチ中です。エコバッグも必ず持参。レジ袋を買うのはもったいないと思うタイプです。ちなみに、ひとりで出かけるときは、おにぎりを握って持っていくこともあります。眺めのいいベンチに座って食べるおにぎりは格別ですよ。

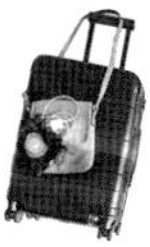

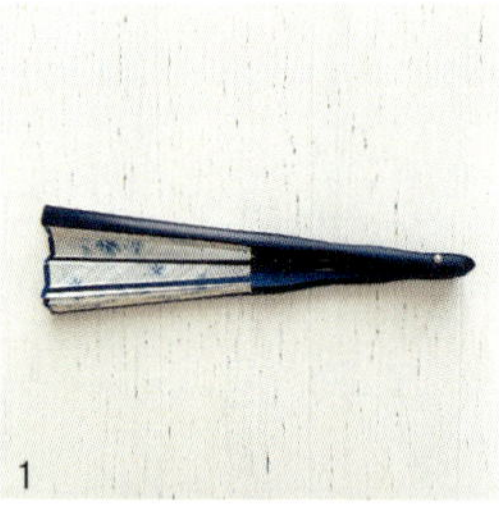
1

2

3

かごでも
ポシェットでも
水筒は必ず携えます

4

5

6

7

8

9

10

11

1扇子は夏の必需品。2山葡萄のバッグは軽くて丈夫です。3イザベル・ボワノさんのイラスト入りクロスをふわりとかけて目隠しに。4秋冬用のフェルトポーチは100均で購入。レースを縫いつけておめかし。5サブバッグとエコバッグ。6夏は氷水、冬は白湯を入れて。7つい撫でたくなるムートン。8友達が手作りしてくれた巾着はアメちゃん入れに。9「イル ビゾンテ」の財布は10年選手。縁が少し破れてきました。10自作の麻のハンカチ。11春夏用の麻のポーチにはメイク直し用の口紅などを入れて。

かごバッグはマチがあって収納量も抜群。おにぎりも十分入ります。

旅にまつわる
エトセトラ

OTONATABi bag and contents

柄物でもモノトーンで合わせやすいポシェット。水筒はサブバッグに。

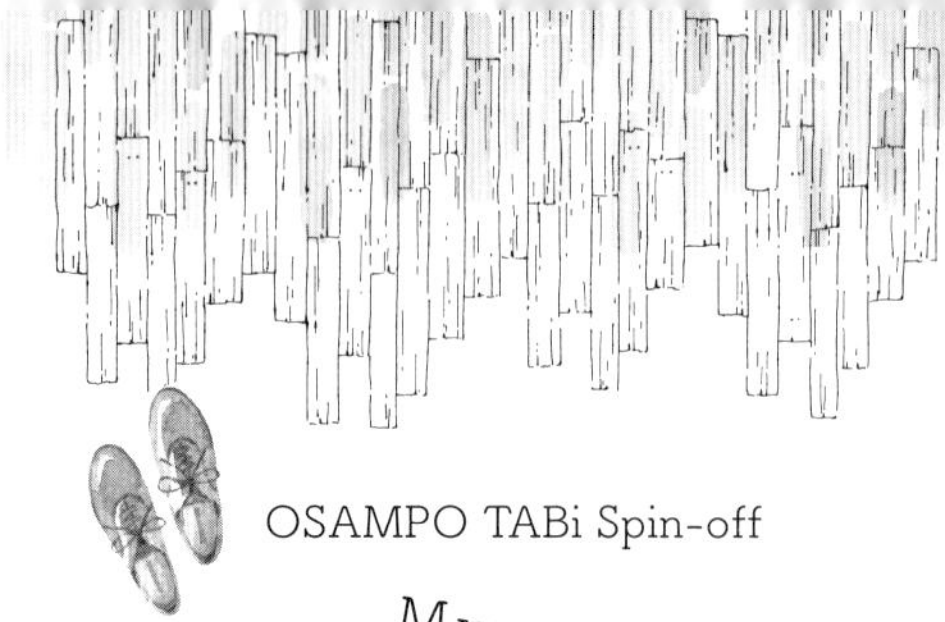

OSAMPO TABi Spin-off

My go-to course

「いつものお気に入りコース」

お散歩しながら ウィンドウショッピング

信頼できる美容師さんに出会えるってとってもラッキーなことだと思いませんか？　私には、かれこれ20年以上お世話になっている美容師さんがいて、初めは代官山、移転してからは恵比寿のお店に3〜4か月に一度通っています。恵比寿近辺には素敵なお店が多いので、美容室に行ったついでにウィンドウショッピングをするのがいつもの楽しみなのです。

カットを終えたら、服や雑貨のお店にあちこち寄りながら代官山までお散歩するのが定番。毎年春に大活躍しているブラウスは、この道中に「メゾン ド ソイ

ル」で見つけました。恵比寿駅前を駒沢通り沿いに代官山方面に歩いて行くと、ハンドメイド作家・毛塚千代さんの本で知ったアンティーク店「ムー・ムー」も。ここのギュギュッと詰まったディスプレイが大好きで、ついすみずみまでチェック。

さらにまっすぐ進んで「ザパディドゥ」へ。こちらはシンプルな雑貨が充実しています。ここまで来ればすでに代官山エリアです。この日は「代官山 蔦屋書店」で娘と持ち合わせ。近くのお店をクルーズし、終点は「カフェ・ミケランジェロ」。美味しいケーキを食べながらおしゃべりしたら、それぞれ電車に乗り込み家路へ。たくさん歩いた充実の一日でした。

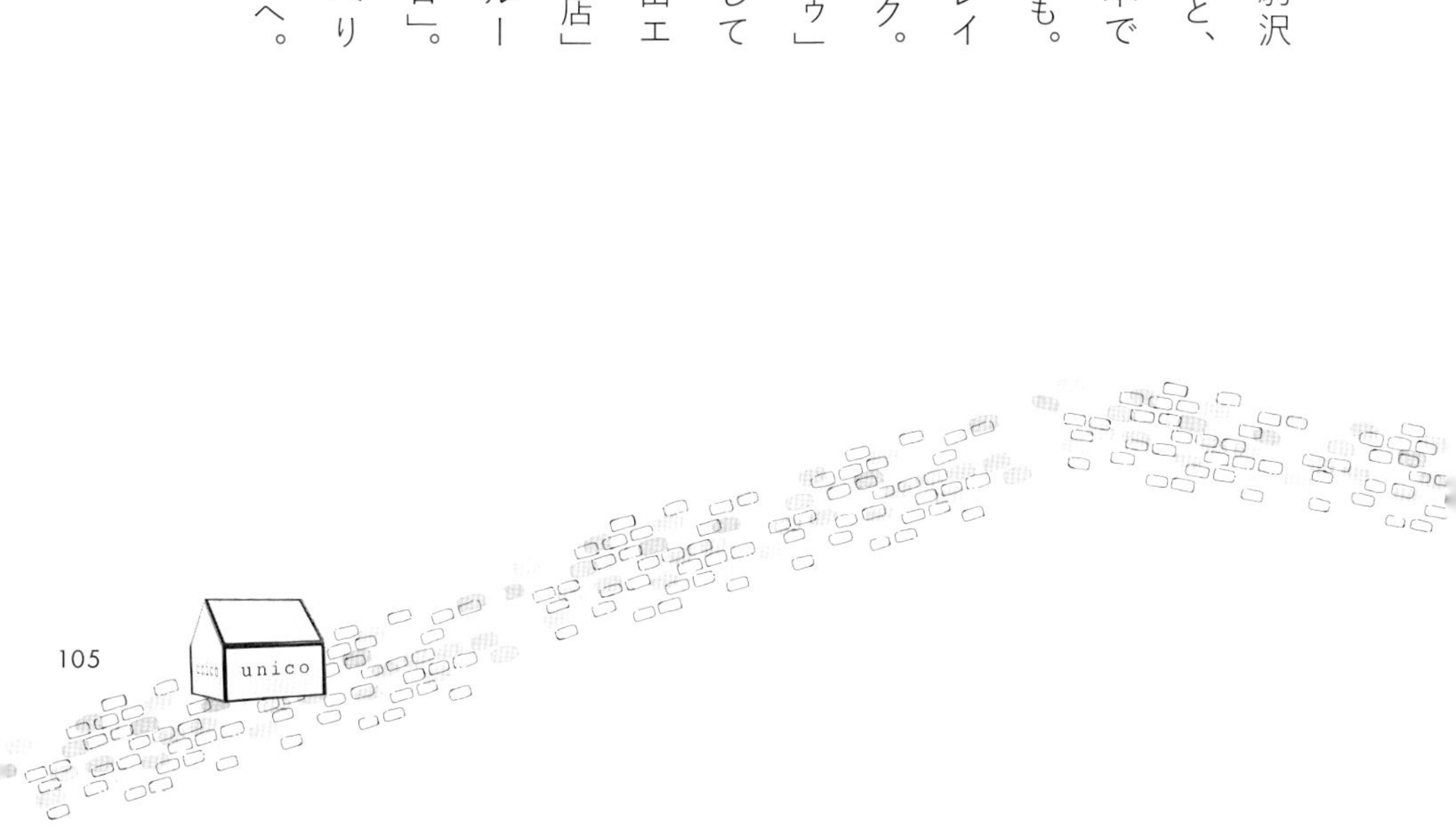

行きつけの美容室から代官山へ

start!

1

slug+

3 maison de soil

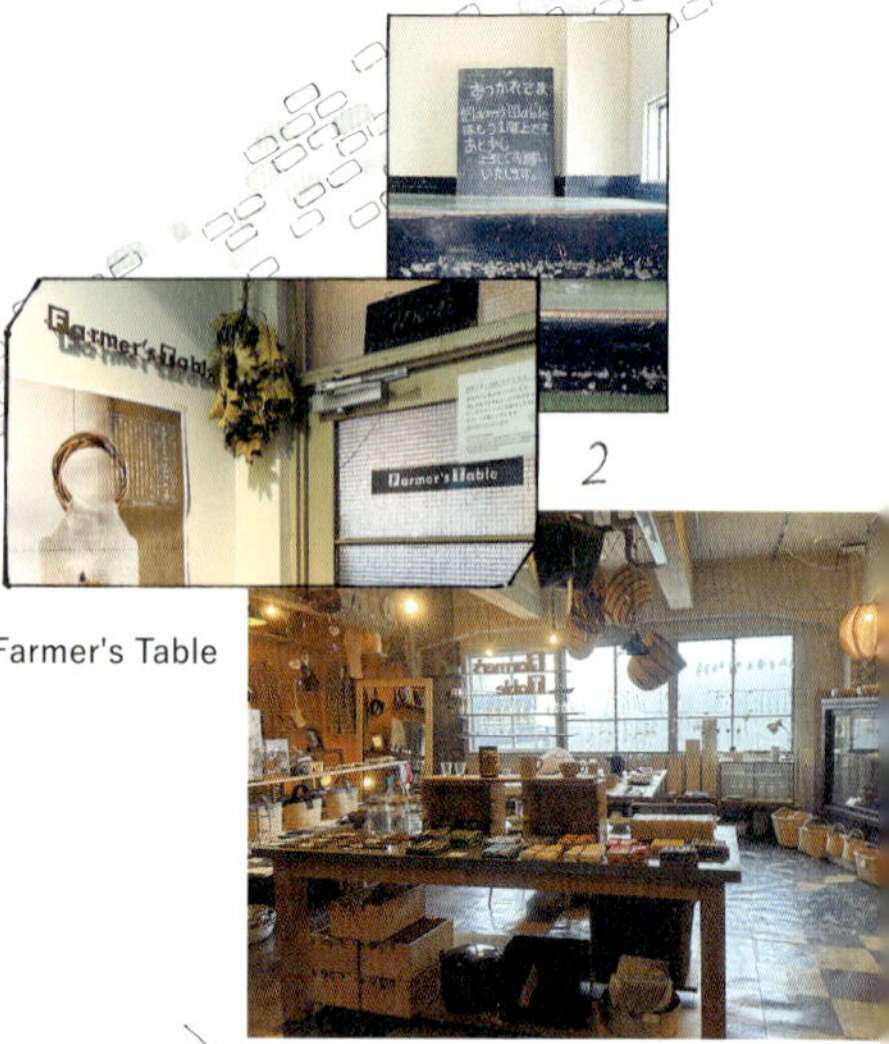

2
Farmer's Table

4
P.F.S PARTS CENTER

5

THE HARVEST KITCHEN
GENERAL STORE

1おまかせカットでも安心、「スラッグ」の藤井さん。2雑貨店「ファーマーズ テーブル」は永遠の憧れ。3つい欲しくなる「メゾン ド ソイル」の服。4「P.F.Sパーツセンター」も外せません。5プロユースの器が揃う「ザ・ハーベストキッチン ジェネラルストア」。6「ムー・ムー」にはつい長居。7最近気になる「アダム エ ロペ ワイルドライフ テイラー」。8シンプルな雑貨を探すなら「ザパディドゥ」。9「カフェ・ミケランジェロ」でひと休み。10スタイリッシュな「ヒルサイドフォーラム」。11「代官山 蔦屋書店」は洋書も充実。12かわいい雑貨が見つかる「ウニコ」。13「ミナペルホネン マテリアーリ」は夢の世界！

6

mu・mu

7

WILD LIFE TAILOR
Adam et Ropé

8

ZAPADY-DOO

9

Caffe Michelangelo

10

HILLSIDE FORUM

11

代官山 蔦屋書店

12

unico

13

minä perhonen
materiaali

TABi NO Collection 2

植物

寄せ植えも
自生のものも
つい足をとめて
見入ってしまいます

いつからかは覚えていませんが道端の草花を含め、さまざまな植物に目を留めるようになりました。旅やお出かけ先でもそれは同じで立ち止まって観察、好きだなと思えばパチリ。そうして撮りためた写真を並べてみました。家の近くなどで普段見るのとは違う珍しい植物に出会うとちょっと興奮してしまいます。

伊勢神宮で見た松は、盆栽をそのまま大きくしたような見事な枝ぶりで。清々しい空気は植物にとっても最高の環境なのだなと感じ入りました。また、近江八幡で八幡山を散策したときには、初めて見るシダ類や愛らしいキノコを発見して思わず接写しましたよ。

車での移動中でも助手席から街路樹や植樹帯を眺めるのが大好き。郊外のドライブで花畑を見かけると、本当は車から降りてじっくり見られたらいいのにと思うほどです。

また近所のおつかいの行き帰りにもかわいい寄せ植えやこぼれ種で咲いた花を見つけては和んでいます。花好きのご近所さんとは、季節の寄せ植えの話で盛り上がったり、ガーデニング雑貨のお店の情報交換をしたり。あるときは「雨が降ったら傷んじゃうから」とひと抱えもある芍薬をいただいたこともあり、ウキウキで帰宅したものです。

　最近は都内でもお店の一角にロックガーデン風の植栽を見かけることが多く、どんなふうに植えてあるのか興味津々です。加えて温暖化の影響もあるのか、本来は暖かい地域でしか育たないような樹木が都

2

3

内近郊でもすくすくと枝を広げていたりして驚くと同時に少し未来が心配になりますね。

　これからも道端の小さな植物に目を留め、季節の花々を愛でるなど、植物との出会いを楽しみたいと思います。

1伊勢神宮の松は、葉がフサフサとやわらかそうで驚きでした。2八幡山で見つけたのは、朽ちかけた樹木についた小さなキノコたち。3自宅近所で目にしたタマスダレの花。祖母の家にも植えられていたことを懐かしく思い出しました。

街歩きは
出会いがいっぱい
珍しい植物にも
遭遇しましたよ

1代官山の美容室は植栽もおしゃれ。2かわいい水草が並んでいたのは伊勢神宮の水路。3近所のマンションの植え込みには絶妙な色合いのカラーリーフが。4八幡山で見かけたシダ植物。植物図鑑で調べてみようかしら。5シルバーリーフと多肉植物の組み合わせは代官山のとあるお店で。さすがのセンス。6近江八幡「ラ コリーナ」の駐車場脇にはシャリンバイが。くすみカラーが素敵です。7ブロック塀に描かれたタンポポの花は吉祥寺の街角に。大好きな場所です。

1桜の季節にお墓参りへ。しだれ桜の淡いピンクについ見とれました。2庭からあふれたミセバヤが道路際にも咲いていて、植物の生命力の強さを感じました。3家の庭にもこんな花木があればいいのにと憧れます。4これは苔ではなく地衣類だそうです。雨が当たるところにたくさん生えていますね。5自宅近くのお散歩コースにある菜の花。青い空と黄色のコントラストが美しく、毎年のことですが見飽きません。6 7奈良「くるみの木」の庭はカフェの白壁にナチュラルな植物が似合っていました。

小暮涼子

子ども3人を育て上げ、
リタイアした夫とふたり暮らし。
雑貨や道具、おしゃれが好き。
Webマガジンでのコラム連載をまとめた初の著書
『60代 大人暮らしの衣食住』が好評発売中。
なにげない日常をつづった
インスタグラム(@ryoko_kogu)も人気。

staff

写真と文　小暮涼子
アートディレクション・デザイン　天野美保子
校正　滄流社
企画・構成・編集　大塚美夏

60代 大人旅の愉しみと工夫

著　者　小暮涼子
編集人　栃丸秀俊
発行人　倉次辰男
発行所　株式会社 主婦と生活社
〒104-8357　東京都中央区京橋3-5-7
TEL 03-5579-9611(編集部)
TEL 03-3563-5121(販売部)
TEL 03-3563-5125(生産部)
https://www.shufu.co.jp/

製版所　東京カラーフォト・プロセス株式会社
印刷所　大日本印刷株式会社
製本所　小泉製本株式会社

ISBN978-4-391-16433-6

撮影協力
ヴィソン カタチミュージアム
IG「@ katachi_museum_vison」
うつわ菜の花
TEL 0465-24-7020
神保真珠商店
https://jinbo-pearls.jp/
ジャンティーク内田商店
IG「@jantiques_uchidasyouten」
千鳥
https://chidori.info/about.htm
中川誠盛堂茶舗
https://www.seiseido.com/
パーヴェイヤーズ
IG「@purveyors2017」
やいち
https://www.yabedesign.com/yaichi/